顧問税理士ならこれだけは知っておきたい

相続法改正 Q&A

本間合同法律事務所

弁護士
蓑毛　誠子　編著
Seiko MINOMO

弁護士・税理士
坂田　真吾　編著
Shingo SAKATA

弁護士
鈴木　郁子　著
Ikuko SUZUKI

弁護士
志賀　厚介　著
Kosuke SHIGA

弁護士
黒田はるひ　著
Haruhi KURODA

弁護士
毛受　達哉　著
Tatsuya MENJOH

中央経済社

本年5月1日に「令和」に改元が行われています。ただし，法律によっては「平成」表記が残っているものもありますので，本書においては，基本的には「平成」で表記しています。必要に応じて，次の読替表をご参照ください。

平成31年	平成32年	平成33年	平成34年	平成35年
令和1年	令和2年	令和3年	令和4年	令和5年
2019年	2020年	2021年	2022年	2023年

はじめに

　平成30年7月，民法相続編の改正法案が成立しました。改正項目の多くは，令和元年（平成31年）7月1日をもって施行されます。

　改正法案成立後，実務家，研究者等から，改正法に係る書籍が多数発刊されています。

　本書は，税理士の先生方が顧問先の相続相談（遺言書作成，遺産分割，相続税申告）に対応される際に，改正法やその前提となる民法相続編の知識について，最低限知っておいていただきたいことをコンパクトにまとめたものです。

　本書の特徴をあげると，次のとおりです。

① 多岐にわたる改正項目のうち，税理士業務に影響が大きい箇所を中心にとりあげています。
② 改正項目以外でも，税理士として相続相談を受けるならば知っておくべき民法相続編の基礎知識，実務上の取扱いについても解説しました（目次を参照ください）。
③ 今回の改正によって相続税，贈与税および所得税の課税関係はどのように変わるのか（あるいは変わらないのか）についても，平成31年度税制改正を踏まえて言及しています。

　本書が顧問先の円滑な資産承継を真摯に検討される税理士の先生方の参考となれば何よりです。

　令和元年5月

本間合同法律事務所

編集　　弁護士　蓑毛誠子

弁護士・税理士　坂田真吾

i

目　次

顧問税理士ならこれだけは知っておきたい　相続法改正Q&A

はじめに　*i*

第1章　民法相続編の改正―――――――――――――1

Q1-1　改正の概要，施行日，税理士が押えておくべき点　*2*

Q1-2　改正の契機，最高裁の判断　*6*

Q1-3　改正時の議論　*9*

実務プラス：税務と遺産分割紛争　*11*

第2章　配偶者居住権―――――――――――――――15

Q2-1　改正点　*16*

Q2-2　配偶者居住権の要件　*21*

実務プラス：相続放棄，限定承認の期間　*24*

Q2-3　配偶者居住権の効果と用いる場面　*25*

Q2-4　配偶者短期居住権の要件　*31*

Q2-5　配偶者短期居住権の効果　*33*

Q2-6　配偶者居住権の評価，課税上の取扱い　*35*

第3章　遺産分割―――――――――――――――――41

Q3-1　遺産分割とは　*42*

実務プラス：遺産分割の前提問題って何？（地裁と家裁）　*47*

実務プラス：不動産の共有物分割（やめよう共有）　*48*

実務プラス：遺産分割調停の実際の進行　*49*

Q3-2　改正点　*50*

実務プラス：遺産分割における遺産評価　*53*

ii

Q3-3	持戻し免除の意思表示の推定　*54*
Q3-4	預貯金仮払い制度　*60*
Q3-5	遺産分割前に遺産に属する財産を処分した場合の遺産の範囲　*65*

第4章　遺　言 ――――――――――――――――――*69*

| Q4-1 | 遺言とは　*70* |

実務プラス：遺言能力をめぐる争い　*74*

| Q4-2 | 自筆証書遺言の方式緩和　*76* |

実務プラス：**自筆証書遺言のススメ**　*79*

| Q4-3 | 自筆証書遺言の保管制度　*80* |

実務プラス：**遺言書の変更・撤回**　*83*

| Q4-4 | 自筆証書遺言と公正証書遺言　*84* |

実務プラス：**はじめての公正証書遺言**　*87*

| Q4-5 | 遺贈の担保責任　*88* |
| Q4-6 | 遺言執行の流れ　*90* |

実務プラス：**遺言執行と利益相反**　*94*

| Q4-7 | 遺言執行者の権限を明確にする法改正　*96* |

第5章　遺留分 ――――――――――――――――――*101*

| Q5-1 | 遺留分制度の概要　*102* |

実務プラス：**生前でもできる遺留分の放棄**　*106*

Q5-2	遺留分減殺請求権の効力と法的性質の見直し　*108*
Q5-3	裁判所による相当の期限の許与　*113*
Q5-4	遺留分侵害額の算定　*115*
Q5-5	持戻しの対象となる遺贈や贈与の範囲　*121*

実務プラス：**生前贈与についての税法と民法**　*124*

| Q5-6 | 遺贈や贈与が複数ある場合　*125* |

目 次　iii

実務プラス：生前贈与についての遺留分侵害額請求
　　　　　（気をつけよう順序）　*127*

Q5-7　負担付贈与・不相当な対価による有償行為　*129*

Q5-8　受遺者等が相続債務を弁済した場合　*134*

Q5-9　遺留分侵害額請求と税務申告　*136*

実務プラス：遺留分減殺請求の法的性質の変化と税務の取扱い　*139*

第6章　相続の効力等　——————————————*141*

Q6-1　共同相続における権利の承継の対抗要件　*142*

Q6-2　相続債務の承継　*147*

Q6-3　遺言執行者がいる場合の相続財産の処分　*150*

第7章　相続人以外の者の貢献を考慮する制度　——*153*

Q7-1　従来の制度　*154*

実務プラス：寄与分の認められにくさ　*158*

Q7-2　特別寄与料　*160*

Q7-3　特別寄与料と税務申告　*166*

第 1 章

民法相続編の改正

Q1-1 改正の概要，施行日，税理士が押えておくべき点

Q1-2 改正の契機，最高裁の判断

Q1-3 改正時の議論

| **Q1-1** | 改正の概要，施行日，税理士が押えておくべき点 |

> 民法相続編が改正されました。その概要や施行期日を教えて
> ください。
> また，税理士として最低限おさえておかなければならないポ
> イントを教えてください。

A

　今回の改正項目は，①配偶者の居住権を保護するための方策，②遺産分
割等に関する見直し，③遺言制度に関する見直し，④遺留分制度に関する
見直し，⑤相続の効力等に関する見直し，⑥相続人以外の者の貢献を考慮
するための方策等多岐にわたっています。施行期日は，改正内容によって
異なります。

解 説

1 改正法の概要

　改正法の骨子については，後掲の資料をご参照ください。主な改正項目をあ
げると次のとおりです。【 】は本書の参照箇所です。

(1) 配偶者の居住権を保護するための方策

　配偶者居住権という権利が新設されました【第2章】。これは，遺贈，遺産
分割，家庭裁判所の遺産分割審判によって，配偶者に居住建物の無償使用を認
める権利です。配偶者に居住させるために当該建物の所有権を取得させると，
遺産分割において配偶者のその他の財産の取り分が少なくなってしまうという
問題があり，それを解消するためにこの改正がなされました。

(2) 遺産分割等に関する見直し

　配偶者の保護のため，婚姻期間が20年以上の夫婦間で，居住用不動産の遺贈
または贈与がされたときは，持戻免除の意思表示があったものと推定する旨の
規定が設けられました（新民903条4項）【Q3-3】。

　また，最高裁平成28年12月19日決定・民集70巻8号2121頁以降，共同相続さ
れた預貯金は当然に分割されないこととなり，遺産分割ないしは相続人全員の
同意がなければ払戻し等ができないこととされたことから，遺産分割や相続人

全員の同意がなくても一定の場合には払戻し等を行えるよう仮払制度が創設されました（新民909条の2）【Q 3-4】。

(3) 遺言制度に関する見直し

自筆証書遺言はその全文，日付，氏名を自書し押印する必要がありましたが，目録については自筆でなくパソコン，登記事項証明書等をもって作成することが認められるようになりました（新民968条2項）（自筆証書遺言の方式緩和）【Q 4-2】。

また，自筆証書遺言は法務局で保管することもでき，相続後に相続人が写しの請求等をすることができました（遺言書保管法）【Q 4-3】。

(4) 遺留分制度に関する見直し

旧民法では，遺留分減殺請求権の行使によって，不動産等が共有状態となりましたが（物権的効果説），新民法では，このような効果は発生させず，遺留分侵害額請求権の行使によって遺留分権利者に受遺者または受贈者等に対する金銭債権が生じることとされました（新民1042条以下）【Q 5-2等】。

(5) 相続の効力等に関する見直し

旧民法では，相続させる旨の遺言等により承継された財産については，登記等の対抗要件を具備しなくても第三者に対抗できることとされていましたが，これでは取引の安全を害することから，法定相続分を超える権利の承継については，対抗要件を備えなければ第三者に対抗することができなくなります（新民899条の2）【Q 6-1】。

(6) 相続人以外の者の貢献を考慮するための方策

旧民法では，条文上，寄与分は相続人のみに認められていたため，たとえば推定相続人の妻（相続人でない者）が被相続人（夫の父）の療養看護に努めたものの，推定相続人（夫）が被相続人（夫の父）よりも先に死亡した場合のように，療養看護による貢献を考慮することができない場合がありました。そこで，相続人でない被相続人の親族が被相続人の療養看護等をしたことにより被相続人の財産の維持または増加について特別の寄与をした場合には，当該相続人でない親族自ら相続人に対して特別寄与料の請求をすることができることとされました（新民1050条）【Q 7-2】。

2 税理士業務との関係

税理士業務に特に関係があるのは次の点です。

まず，配偶者居住権は，一定の財産的価値があるものとして相続税申告に反映されますので，その評価方法を押さえておくべきでしょう【Q2-6】。

次に，顧問先から遺言書作成を相談された場合には，自筆証書遺言の方式緩和が関係します【Q4-2】。法務局での保管制度を使う場面でも出てくるでしょう（なお，これまでに作成した自筆証書遺言も保管の対象となります）【Q4-3】。

特別寄与料が支払われる場合には相続税申告に影響を与えます【Q7-3】。

3 施行日

施行日は，概要，4つに区分されます。詳細については本改正の附則に規定されており，本書の各規定の箇所で言及します。

(1) **平成31年1月13日から**
    自筆証書遺言の方式緩和
(2) **平成32年（2020年）4月1日から**
    配偶者居住権（および配偶者短期居住権）の創設
(3) **平成32年（2020年）7月10日から**
    法務局における自筆証書遺言の保管制度
(4) **平成31年（2019年）7月1日**
    以上のほかの制度

ポイント

- 改正項目は多岐にわたる。
- 税理士業務との関係では，配偶者居住権の評価，自筆証書遺言の方式緩和・保管制度，特別寄与料が特に影響がありうる。
- 施行日は改正の内容によって異なる。

第1章　民法相続編の改正　5

民法及び家事事件手続法の一部を改正する法律
法務局における遺言書の保管等に関する法律

法務省民事局　平成30年11月

検討経緯

審議経過

平成25年9月　嫡出でない子の相続分についての最高裁違憲決定
上記決定を踏まえた民法改正
→　国会審議等において、民法改正が及ぼす社会的影響に対する懸念や配偶者の保護の観点からの相続法制の見直しの必要性等について問題提起（法務省）

平成26年1月～平成27年1月　相続法制検討WTにおける検討（法務省）

審議経過

平成27年2月　　　　　　　法務大臣による諮問
平成27年4月　　　　　　　部会における調査審議開始
平成28年6月　　　　　　　中間試案（決定）
平成29年7月～9月末　　　パブリックコメント（中間試案）
平成29年8月～9月22日　　パブリックコメント（追加試案）
平成30年1月16日　　　　　部会における要綱案（決定）
平成30年2月16日　　　　　総会における要綱決定・法務大臣への答申
平成30年7月6日　　　　　　参議院本会議において法案の可決・成立
　　　　　　　　　　　　（7月13日　公布）

改正法の骨子

第1　配偶者の居住権を保護するための方策

1　配偶者短期居住権の新設　　新民法1037条-1041条関係
配偶者が相続開始の時に遺産に属する建物に居住していた場合には、遺産分割が終了するまでの間、無償でその居住建物を使用できるようにする。

2　配偶者居住権の新設　　新民法1028条-1036条関係
配偶者の居住建物の所有者は、終身又は一定期間、配偶者にその使用を認める配偶者居住権を創設し、遺産分割等における選択肢の一つとして、配偶者に居住建物の権利を取得することができるようにする。

第2　遺産分割等に関する見直し

1　配偶者保護のための方策（持戻し免除の意思表示推定規定）新民法903条4項関係
婚姻期間が20年以上の夫婦間で、居住用不動産の遺贈又は贈与などの持戻し免除の意思表示があったものと推定し、遺産分割における配偶者の取得額を増やすことができるようにする。

2　遺産分割前の払戻し制度の創設等　新民法909条の2関係
相続された預貯金について、生活費や葬儀費用の支払、相続債務の弁済などの資金需要に対応できるよう、遺産分割前にも払戻しを認める制度を設ける。

3　遺産の分割前に遺産に属する財産を処分した場合の遺産の範囲　新民法906条の2関係
相続開始後に共同相続人の一人が遺産を処分した場合に、計算上生じる不公平を是正する方策を設ける。

第3　遺言制度に関する見直し

1　自筆証書遺言の方式緩和　　新民法968条関係
自筆でない財産目録を添付して自筆証書遺言を作成できるようにする。

2　遺言執行者の権限の明確化　新民法1007条、1012条-1016条関係

3　公的機関（法務局）における遺言書の保管制度の創設
（遺言書保管法）

第4　遺留分制度に関する見直し

遺留分減殺請求権の行使によって当然に物権的効果が生ずるとされている現行の規律を見直し、遺留分に相当する金銭債権が生ずるものとし、受遺者等の請求により、金銭債務の全部又は一部の支払につき裁判所が期限を許与することができるようにする。新民法1050条関係

第5　相続の効力等に関する見直し

相続させる旨の遺言等により承継された財産については、登記等の対抗要件なくして第三者に対抗することができるとされていた現行の規律を見直し、法定相続分を超える権利の承継については、対抗要件を備えなければ第三者に対抗することができないようにする。新民法899条の2関係

第6　相続人以外の者の貢献を考慮するための方策

相続人以外の被相続人の親族が、被相続人の療養看護を行った場合には、一定の要件のもとで、相続人に対して金銭請求をすることができる制度（特別の寄与）を設けるものとする。家事事件手続法216条の2-216条の5関係

○　施行期日
2019年（平成31年）7月1日（原則）
ただし、
第1　　　　2019年（平成31年）1月13日
第3の1　　2019年（平成32年）4月　1日
第3の3　　2020年（平成32年）7月10日

昭和55年以来約40年ぶりの大幅見直し

（出典：http://www.moj.go.jp/content/001275267.pdf より）

| **Q1-2** | 改正の契機，最高裁の判断 |

> 今回の改正はなぜ行われたのでしょうか。最高裁の判断が影響しているといわれていますが，どういうことでしょうか。

A

　改正の背景には，高齢化社会により，被相続人の死後に残される配偶者も高齢化することからその保護の必要性が高まったこと，遺言の利用促進の必要があること等があります。また，①非嫡出子の法定相続分を嫡出子の2分の1とする旨の民法の規定が違憲とされた平成25年の最高裁決定，②共同相続された預貯金債権について，従前の判例を変更し，遺産分割の対象となるとした平成28年の最高裁決定も，今回の改正に影響を与えています。

解　説

【図表1－1　改正の背景】

昭和55年改正	最高裁H25決定	最高裁H28決定	H30.7民法改正
配偶者の法定相続分引上げ	非嫡出子の法定相続分の区別は違憲	預貯金債権等を遺産分割の対象に	

民法改正。しかし法律婚尊重の要請
→　相続法制の見直しの機運

自筆証書遺言方式緩和，保管
遺留分の法的性質の変更，
特別寄与者制度の創設
等々

1 改正の必要性

　民法の相続法分野については，昭和55年以降大きな見直しがなく，その間，社会の高齢化が進展し，被相続人の死後に残される配偶者も高齢化しているのでその保護の必要性が説かれています。今回の改正では，これに加えて，自筆証書遺言の利用促進，遺留分制度の見直し等，実務上支障があったとされる多

数の項目について改正がなされています。

2 非嫡出子の法定相続分に係る最高裁決定

　民法900条は相続人の属性ごとに法定相続分を規定していますが，かつて，嫡出子と嫡出でない子（非嫡出子）の法定相続分は区別されていました。この点について，最高裁平成25年9月4日決定・民集 67巻6号1320頁は，平成13年7月に死亡した被相続人に係る遺産分割審判事件において，法律婚という制度自体はわが国に定着しているとしても，父母が婚姻関係になかったという，子にとっては自ら選択ないし修正する余地のない事柄を理由としてその子に不利益を及ぼすことは許されないという考え方が確立されてきており，遅くとも当該相続が開始した平成13年7月当時においては，嫡出子と嫡出でない子の法定相続分を区別する合理的な根拠は失われているとして，旧民法900条4号ただし書前半部分の規定は平等原則（憲法14条1項）に違反して違憲であるとしました。

　これを受けて，平成25年12月，嫡出子と嫡出でない子の相続分を同等にすることを内容とする民法改正が行われました。

　しかるに，その改正過程で，法律婚を尊重する立場からは，配偶者の死亡により残された他方配偶者の生活への配慮の観点から相続法制を見直すべきではないかといった問題提起がなされました。これが今回の改正の契機となっています。

3 預貯金債権の遺産分割に係る最高裁決定

　預貯金債権については，従来より，相続開始と同時に当然に各共同相続人に分割され，各共同相続人は分割により自己に帰属した債権を単独で行使することができるとするのが判例でした。一方で，金融機関の実務としては，相続人全員の同意がなければ，預金の解約等には応じないという扱いとする例が多く見られました。

　最高裁平成28年12月19日決定・民集70巻8号2121頁は，共同相続された普通預金債権，通常貯金債権および定期貯金債権は遺産分割の対象となるとし，従前の判例を変更しました（なお，本改正の中間試案（平成28年7月）でも，預貯金債権等の可分債権を遺産分割の対象に含める旨の改正案が提案されていました）。当該最高裁決定以降，家庭裁判所の実務では，この判決の射程は預貯

金全てに及ぶものとして運用していると見られます。

　そうすると，共同相続人全員の同意ないしは遺産分割が整うまでは，相続人は金融機関から被相続人の預貯金の払戻しを受けられないこととなり，当面の生活費の支出等の資金需要にも困窮する場面が出てきかねません。上記最高裁決定の補足意見でも，相続財産中の特定の預貯金債権を特定の共同相続人に仮に取得させる仮処分（家事事件手続法200条2項）等の活用が説かれていました。

　本改正では，上記最高裁の決定を踏まえて，預貯金債権の仮処分に限り，家事事件手続法200条2項の要件を緩和する規定を設けることとなりました。

ポイント

・昭和55年以来の大改正。

・最高裁平成25年決定によって非嫡出子の法定相続分を嫡出子の2分の1とする旨の規定が削除され，法律婚を尊重すべきということから改正議論が始まった。

第 1 章　民法相続編の改正　9

Q1-3　改正時の議論

法制審議会での議論もさまざまで，当初の予定どおりに改正
されていない点もあると聞きました。どのような点でしょう
か。

A

　平成28年 6 月の中間試案の公表から，平成30年 7 月の法案可決・成立ま
での間に，パブリックコメントに寄せられた意見等も踏まえ，いくつかの
項目について見直しが行われています。

解 説

1 ┃ 審議経過

　今回の改正については，法務省の法制審議会民法（相続関係）部会にて，平
成27年 4 月から平成30年 1 月までの間，合計26回の会議が開催されています。

　平成28年 6 月には中間試案，平成29年 7 月には追加試案が決定され，それぞ
れ意見募集手続（パブリックコメント）に付されています。平成29年 9 月には
答申がなされる予定でしたが，中間試案後にもさまざまな検討がなされたこと
から，予定を変更して平成29年 7 月の追加試案をあらためて意見募集手続にか
け，平成30年 2 月に答申がなされています。

　以下，今回の改正のうち，中間試案公表から法改正までの間に変遷があった
項目のうち，主なところを見ておきます。

2 ┃ 配偶者の保護

　中間試案段階では，配偶者居住権制度の創設のほか，婚姻期間が長期間にわ
たる等の場合に配偶者の法定相続分を増加させるという案がありました。

　しかし，パブリックコメントではこれに反対する意見が多数を占めたのでこ
の案は採用されませんでした。

　その後の審議でも配偶者の保護の必要性が議論され，追加試案において，婚
姻期間が20年以上の夫婦の一方配偶者が，他方配偶者に対し居住用不動産を贈
与，遺贈した場合に民法903条 3 項の持戻免除の意思表示があったと推定する

という案が提案され，法改正に至りました【Q3-3】。

3 可分債権の遺産分割における取扱いの見直し

中間試案段階で，預貯金債権等の可分債権を遺産分割の対象に含める旨の改正案が提案されていたところ，最高裁平成28年決定が下され，当該決定の補足意見において，相続財産中の特定の預貯金債権を特定の共同相続人に仮に取得させる仮処分（家事事件手続法200条2項）等の活用が説かれました【Q1-2の3】。これを踏まえ，預貯金債権の仮処分に限り，家事事件手続法200条2項の要件を緩和する仮払制度が創設されました【Q3-4】。

4 遺留分減殺請求権の効力の見直し

中間試案段階では，遺留分権利者の権利行使によって遺贈または贈与の目的物について当然に共有状態（物権的効果）が生じることとされている規律をあらため，原則として受遺者または受贈者に対する金銭債権が発生することとされていました。

ここに，「原則として」とあるのは，例外として，受遺者または受贈者において，遺留分権利者に現物給付をすることができることとされていたためです。その趣旨は，受遺者または受贈者に金銭での支払いしか認めないとすると，遺留分権利者に支払うべき金銭を直ちに用意することができない場合には酷である，というものです。

これを踏まえた追加試案でも，例外としての現物給付を認めていましたが，制度設計に難があるということとなり，結局，金銭請求を受けた受遺者または受贈者の請求により，裁判所が，金銭債務の支払につき期限の許与を付す，という改正となりました【Q5-3】。すなわち，受遺者または受贈者は，遺留分権利者に対し，当該権利者の同意がない限り，いずれかの時点にて必ず金銭支払をしなければならず，現物給付をすることはできないこととなりました。

> **ポイント**
> ・法務省の当初の改正案が採用されなかったものもある。
> ・配偶者の法定相続分を引き上げる案は反対が多く採用されなかった。
> ・遺留分に係る現物給付については，諸々の議論があり，最終的にはできないということになった。

第 1 章　民法相続編の改正　11

> **実務プラス**
>
> ### 税務と遺産分割紛争
>
> 　税理士の立場として，顧問先の相続紛争の対応を弁護士に依頼することも多いと思います。その際，弁護士が税務を知らないと思わぬ事態になりかねません。
> 　以下，相続紛争を担当する弁護士が知っておかなければならない税務上の項目を整理しました。弁護士に依頼する際にチェックリスト的に用いていただければ幸いです。
>
> ① 　申告期限等
> ・相続税の申告期限は，相続開始を知った日の翌日から10か月であること（相法27条）。
> ・申告のためには戸籍や登記情報，預金履歴の取り寄せ，土地の評価のための現地調査等を行わなければならず，数か月程度を要すること。
> ・遺言もなく，申告期限までに遺産分割協議が成立していなければ，いったん，法定相続分に従って申告をしなければならないこと（相法55条）。申告書の提出に全員が了承しない場合には，申告書は個別に提出すべきこと（相法27条）。
> ・所得税についても，相続開始を知った日の翌日から 4 か月以内に，準確定申告をすることが必要な場合があること（所法125条）。
>
> ② 　各種特例の適用のための申告
> ・配偶者の税額軽減特例（相法19条の 2 ），小規模宅地等の特例（措法69条の 4 ）の適用を受けるためには，遺産分割協議によって取得者を確定させて申告する必要があること。
> ・小規模宅地等の特例の適用を受けるためには，特例対象宅地等を取得した全ての個人の選択同意書を申告書に添付する必要があること（相令40条の 2 第 5 項）。
> ・当初申告までに分割できなかった場合には未分割を前提に申告し（相法55条），申告時に「申告期限後 3 年以内の分割見込書」を提出しなければならないこと（相規 1 条の 6 第 3 項等）。
> ・ 3 年経過後もやむを得ない事情がある場合に税務署長の承認を受けた場合には特例の適用を受けられるが，その場合には申告期限後 3 年 2 か月以内に訴え提起等を行い所定の書類を税務署長に提出する必要があること（相令 4 条の 2 第 2 項）。

③ 生前贈与の取扱い

・遺産分割紛争中に，生前贈与の事実が判明した場合の取扱いとしては，贈与税の決定処分の除斥期間は法定申告期限から原則として6年間であること（相法36条）。

・相続開始前3年以内の贈与であれば相続税の課税対象となること（相法19条）。贈与税が課税されていれば，当該贈与税の税額は控除されること。

④ 代償分割と取得費

代償分割により負担した債務に相当する金額は，当該債務を負担した者が当該分割に係る相続により取得した資産の取得費には算入されないこと（所基通38-7，最高裁平成6年9月13日判決・集民173号79頁）。

したがって，遺産分割後に売買を予定している物件については，代償分割とするか換価分割とするかで，各人の所得税負担が異なってしまうので，このことを考慮して遺産分割協議の内容を検討すべきこと。

⑤ 代償分割調整計算の要件

代償分割における代償金を，当該物の相続税評価額（路線価等）ではなく，実際の時価を基準に計算した場合には，調整計算をして各人の相続税負担を公平にすることができること（相基通11の2-10）。この場合には，当該代償金の計算過程を遺産分割協議書に明記することが望ましいこと。

⑥ 取得費加算制度

相続によって財産を取得した者が相続税申告書の提出期限後3年以内に相続財産を譲渡した場合には，取得費に相続税額を加算して譲渡所得を計算し，所得税負担を軽減することができること（措法39条）。

⑦ 遺産分割，遺留分確定後の更正の請求

・当初申告時には未分割であり法定相続分に従って申告し（相法55条），その後，遺産分割協議が成立して，法定相続分とは異なった割合で遺産を取得した場合には，更正の請求を任意で行うことができること（相法32条1項1号）。

・遺留分減殺請求（新法では遺留分侵害額請求）があった場合には，確定するまでは申告に反映させる必要はなく，確定後に更正の請求を任意で行うことができること（相法32条1項3号）。

・以上の更正の請求は，当該事由が生じたことを知った日の翌日から4か月以内に行うべきこと（相法32条1項柱書）。

⑧　連帯納付制度

　相続税，贈与税には，連帯納付制度があること（相法34条）。したがって，対立する相続人に対して遺留分に係る金銭を支払う和解をする場合にも，その相続人が納税をしないおそれがあるのであれば，当該相続人が負担するべき相続税相当額を控除して支払い，一方で当方も更正の請求を行わない旨の合意をするといった方法により不納付のリスクが転嫁されることを防止する工夫が必要となること。

第2章

配偶者居住権

Q2-1 改正点

Q2-2 配偶者居住権の要件

Q2-3 配偶者居住権の効果と用いる場面

Q2-4 配偶者短期居住権の要件

Q2-5 配偶者短期居住権の効果

Q2-6 配偶者居住権の評価，課税上の取扱い

| Q2-1 | 改正点 |

配偶者の居住権を保護するため，どのような改正がなされたのでしょうか。

A

　配偶者の居住権を保護するための方策として，①遺産分割終了後の長期的な居住権に関する配偶者居住権と，②遺産分割が終了するまでの間の短期的な居住権に関する配偶者短期居住権という，二つの新しい権利が創設されました。

解 説

1 改正経緯

(1)　配偶者の一方が死亡した場合でも，生存配偶者は，それまで居住してきた住み慣れた建物に継続して居住することを希望するのが通常です。特に高齢者の場合は，住み慣れた居住建物から離れ，新しい建物で新たに生活を始めることは，肉体的にも精神的にも大きな負担となります。

　そして，平均寿命の伸長に伴い，被相続人の死後，生存配偶者が長期間にわたって生活を継続することも少なくありません。このような場合において，配偶者が住み慣れた居住環境での生活を継続するためには，居住権の確保とともに，その後の生活資金としてそれ以外の財産についても一定程度確保する必要性が生じます。

　この点，旧民法においては，被相続人の死後，生存配偶者が被相続人所有建物に住み続けることを認める規定はありませんでした。

　そのため，配偶者が居住建物に住み続けるためには，①遺産分割等により居住建物の所有権を取得するか，②居住建物の所有権を取得した他の相続人との間で利用契約（賃貸借契約，使用貸借契約）を締結する等の方策をとる必要がありました。

　もっとも，遺産分割により居住建物の所有権を取得したとしても（上記①），居住建物の評価額が高額な場合，配偶者がその他の遺産を取得することができず，また，場合によっては，代償金を支払わなければならなくなる

第2章　配偶者居住権　17

など，その後の生活に支障をきたす場合が生じえました。

【図表2−1　配偶者が居住建物を取得する場合】

配偶者が居住建物を取得する場合には，他の財産を受け取れなくなってしまう。

例：　相続人が妻及び子，遺産が自宅（2000万円）及び預貯金（3000万円）だった場合
　　　妻と子の相続分　＝　1：1　（妻2500万円　子2500万円）

遺産

2000万円

3000万円

住む場所はあるけど，
生活費が不足しそうで
不安。

自宅（2000万円）
預貯金500万円

預貯金2500万円

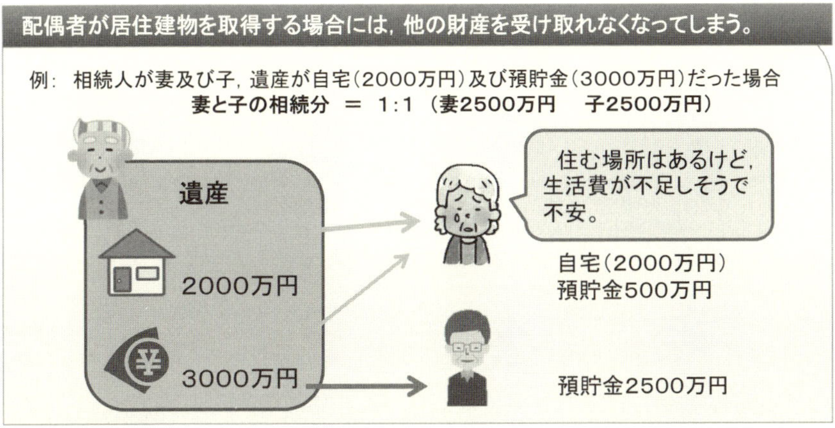

（出典：法務省資料）

　　また，他の相続人が居住建物を取得した場合には（上記②），当該相続人と配偶者の間で利用契約が締結できるかは不確定であり，仮に利用契約が成立しなければ，配偶者の居住権は確保されないという問題がありました。

(2)　以上は遺産分割後の配偶者の居住の問題ですが，遺産分割終了までの比較的短期の間はどうでしょうか。

　　この点，最高裁第三小法廷平成8年12月17日判決・民集50巻10号2778頁は，「共同相続人の一人が相続開始前から被相続人の許諾を得て遺産である建物において被相続人と同居してきたときは，特段の事情のない限り，被相続人と右同居の相続人との間において，被相続人が死亡し相続が開始した後も，遺産分割により右建物の所有関係が最終的に確定するまでの間は，引き続き右同居の相続人にこれを無償で使用させる旨の合意があったものと推認される」とし，一定の要件を満たした共同相続人に，相続を始期とし，遺産分割が終了するまでの間の短期的な居住権を認めていました。

　　もっとも，この判決は，当事者間の合理的意思解釈に基づくものであり，被相続人が第三者へ遺贈する意思表示を示していた場合等，被相続人が明確に異なる意思表示をしていた場合には配偶者は保護されず，明渡しを拒むことができませんでした。

(3) そこで，新民法においては，一定の要件の下，配偶者居住権（新民1028条）と配偶者短期居住権（新民1037条）という新しい権利を創設し，配偶者の長期的，短期的な居住権の保護を図ることとしました。

なお，法制審議会での検討中は，配偶者居住権は「長期居住権」，配偶者短期居住権は「短期居住権」という名称でしたが，常に前者が後者よりも長いという関係にはないので，最終的な要綱案提出の段階で現在の名称に改められました。

また，あくまでも法律婚を尊重するという前提があるので，内縁関係にある者には当該居住権は認められません。

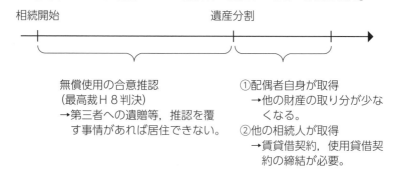

【図表2-2　旧制度において配偶者が居住する場合の方法と支障】

【図表2-3　新制度（配偶者居住権等）による対応】

2 配偶者居住権

　配偶者居住権とは，配偶者の居住建物を対象として，終身または一定期間，配偶者が無償で居住建物を使用収益できる権利です。遺産分割や遺贈の選択肢の一つとして，配偶者がこの権利を取得できることが可能となります。

　改正前においては，上記のとおり，遺産分割によって配偶者が居住建物を取得するか，これを取得する者との間で任意に利用契約を締結しなければ居住権は確保できませんでした。本改正により，所有権そのものを取得しなくても，「居住権」部分の取得だけで居住を確保できることになります。

　配偶者居住権の内容については，Q2-2およびQ2-3で説明します。

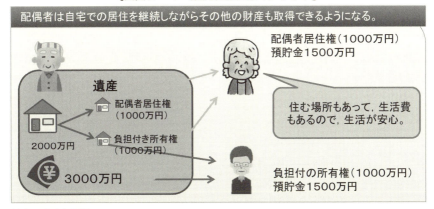

【図表2-4　配偶者居住権のメリット】

(出典：法務省資料)

3 配偶者短期居住権

　配偶者短期居住権とは，配偶者が相続開始時に遺産に属する建物に居住していた場合に，遺産分割が終了するまでの間，無償でその居住建物を使用できる権利です。配偶者短期居住権の内容については，Q2-4，Q2-5で説明します。

4 施行日

　配偶者居住権，配偶者短期居住権とも，施行日である平成32年（2020年）4月1日以後に開始した相続について発生します（改正法附則10条1項）。なお，配偶者居住権については，平成32年（2020年）4月1日前にされた遺贈については適用されませんので（同条2項），遺贈によって配偶者居住権を設定する場合には，同日以降に遺言を作成する必要があります。

ポイント

• 本改正では遺産分割までの居住権（配偶者短期居住権）と遺産分割後の居住権（配偶者居住権）が区別して創設された。

第 2 章　配偶者居住権　21

Q2-2　配偶者居住権の要件

配偶者居住権はどのような要件で発生するのでしょうか。

A

　配偶者居住権は，①被相続人が遺贈によって取得させる方法，または，②遺産分割によって取得させる方法によって発生します。いずれの方法においても，前提的な要件（新民1028条）を充足する必要があります。

　②の遺産分割については，(1)相続人間の遺産分割合意による方法と，(2)合意が成立しない場合の家庭裁判所の審判による方法（新民1029条）があり，(2)については一定の要件が加重されています。

解 説

1 前提的な要件（新民1028条）

⑴　被相続人所有の建物であること（配偶者以外の第三者との共有は不可）

　まず，被相続人所有の建物である必要があり，被相続人が賃借していた建物は含まれません。

　なお，被相続人が配偶者以外の者と共有していた場合には，配偶者は配偶者居住権を取得できません（新民1028条 1 項ただし書）。配偶者居住権は，無償でありながら，建物全体について対抗力を備えて排他的に使用できる点に意味があると考えられています。居住建物に第三者の共有者がいる場合，その第三者の持分権を制限することは適切ではないので，第三者との共有は不可とする要件が設けられました。

　したがって，居住建物が，被相続人の単独所有であるか，被相続人と配偶者との共有の場合にのみ，配偶者居住権を取得できます。

⑵　配偶者による居住

　被相続人の配偶者が，当該建物に相続開始時に居住している必要があります（新民1028条 1 項本文）。

　また，「居住」とは，当該建物の一部分のみを使用している場合や，配偶者の他にも居住している者（占有者）がいる場合，当該建物を店舗兼住居として使用している場合も含まれるものと考えられます。

2 遺贈による配偶者居住権の取得

　被相続人の遺贈によって配偶者居住権を取得させることができます。具体的には，遺言に，「妻Aに○○の建物に係る配偶者居住権を遺贈する」等と記載することによって発生します。

　注意すべきは，文言上，遺産分割の方法の指定により配偶者居住権を取得させることはできないことです。その理由は，配偶者自身が配偶者居住権の取得を望まない場合に，遺贈であれば放棄することができますが（民986条1項），遺産分割の方法の指定がされた場合には，配偶者は相続そのものを放棄しない限り配偶者居住権を放棄することができず，かえって配偶者の保護に欠けることとなるおそれがあるため，と説明されています。遺贈による場合で，配偶者が遺贈を放棄した場合は，居住建物の所有権者が，配偶者居住権の負担のない形で所有権を取得することとなります（以上，法制審議会第15回会議議事録17頁以下参照）。

　しかし，承継側が放棄できないということは遺産分割方法の指定一般に言えるのであり，あえて配偶者居住権についてのみ取得方法を遺贈に限定することが妥当かは立法論として疑問です。

　実務上，相続人に対して財産を承継させる場合によく用いられる「相続させる」旨の遺言は，一般に遺産分割方法の指定と解されています【Q4-1】。「妻Aに○○の建物に係る配偶者居住権を相続させる」という遺言があった場合，これが遺産分割方法の指定であるとすると配偶者居住権は発生しないことになります。しかし，この視点は専門家でもすぐには気がつかないでしょうし，遺言実務上，相続人に対して資産を承継させたい場合には「相続させる」と記載する慣行が定着しているので，通常は，遺贈の趣旨であったとして配偶者に配偶者居住権を取得させるように解するべきでしょう（法制審議会第15回会議議事録30頁以下参照）。

3 遺産分割による取得

(1) 遺産分割協議による取得

　相続人間で，配偶者居住権を発生させる旨の遺産分割協議が成立した場合には，配偶者は配偶者居住権を取得します。

第2章 配偶者居住権 23

(2) 審判による取得

相続人間で遺産分割協議が成立しない場合には，家庭裁判所が配偶者居住権を発生させることができます。

その場合には，審判という強制的な手続で配偶者居住権という物権の所有権を制約する権利が発生することから，次の要件が求められています。

ア 共同相続人間の合意があるとき

家庭裁判所は，共同相続人間に配偶者が配偶者居住権を取得することについて合意が成立しているときは，配偶者が配偶者居住権を取得する旨を定めることができます（新民1029条1号）。

配偶者居住権の取得については相続人全員で合意できているものの，他の財産の帰属について争いがあるため全体として遺産分割協議が成立せず，審判で遺産分割を行う場合などは，この規定によることになります。

「合意が成立している」ときとは，配偶者居住権を取得させること自体についての合意があれば良く，その評価ないし算定方法についての合意までは必要とはされないものと考えられます。

イ 共同相続人間の合意がないとき

家庭裁判所は，共同相続人間の合意がないときでも，①配偶者が家庭裁判所に対して配偶者居住権の取得を希望する旨申し出，②居住建物の所有者の受ける不利益の程度を考慮してもなお配偶者の生活を維持するために特に必要があると認めるときには，配偶者が配偶者居住権を取得する旨を定めることができます（新民1029条2号）。

| ポイント |

- 配偶者居住権は，遺贈または遺産分割（共同相続人の合意あるいは家庭裁判所の審判）によって発生する。
- 遺言書に配偶者居住権を「遺贈する」ではなく「相続させる」と記載すると配偶者居住権が発生しなくなる可能性が（わずかではあるが）あるので，遺言書作成時には注意が必要である。

> **実務プラス**

相続放棄，限定承認の期間

　相続放棄，限定承認をする場合には，原則として，自己のために相続の開始があったことを知ったときから3か月以内に家庭裁判所に申述しなければなりません（民915条，924条，938条）。この期間内に相続放棄，限定承認を行わなければ，単純承認をしたものとみなされます（民921条2号）。

　例外的に，当該期間を家庭裁判所が伸長することができます（民915条1項ただし書）。

　どの程度まで期間の伸長を許すかは家庭裁判所の裁量に委ねられていますが，通常は，3か月程度の期間を設定されます。事情によりますが，再度伸長してもらうこともできます。

第2章 配偶者居住権 25

Q2-3 配偶者居住権の効果と用いる場面

配偶者居住権はどのような効果を持つのでしょうか。また、どのような場合に使うことになるのでしょうか。

A

配偶者は、居住建物の全部について、無償で使用収益をすることができます。「収益」もできるので賃貸して賃料収入を得ることもできますが、所有者の承諾が必要です。なお、「処分」（譲渡）はできません。配偶者居住権について登記を備えた場合には、第三者に対して対抗力を有します。

配偶者居住権を用いる場面は、配偶者が自宅に居住しつつ以後の生活のために金融資産を取得すべき場合や、実質的に後継ぎ遺贈を実現したい場合などが想定されます。

解説

1 配偶者居住権の効力

⑴ 配偶者による使用収益

配偶者は、居住建物の全部について、無償で使用収益をすることができます（新民1028条1項）。なお、従前の用法に従い、善良な管理者の注意をもって居住建物の使用および収益をしなければなりません（新民1032条1項）。

配偶者は、居住建物の所有者の承諾を得なければ、居住建物の改築・増築をし、または、第三者に使用収益させることができません（同条3項）。所有者の承諾を得て第三者に使用収益させる場合には、転貸の規定が準用されます（新民1036条・613条）。なお、配偶者が第三者（たとえば、配偶者の再婚相手など）とともに居住することは、配偶者による使用収益の範囲に含まれ、この所有者の同意は不要であると考えられます。

また、配偶者居住権の譲渡は禁止されています（新民1032条2条）。中間試案段階では所有者の承諾があれば譲渡できることとされていましたが、最終的には譲渡が禁止されました。配偶者居住権はそもそも配偶者自身の居住関係の継続性を保護するためのものであること、配偶者の死亡により消滅する不安定な権利であるため実際には売却が困難であるという理由からです（法制審議会

部会第26回資料参照）。

　配偶者が，老人ホームに転居して建物に居住せず，配偶者居住権を金銭に換えたいと考えた場合には，所有権者の同意を得て賃貸を行うことで投下資本などの回収を図ることが考えられます。

　上記のとおり，中間試案段階では譲渡を認めていたのは配偶者居住権を売却することにより換価することを認めた方がよいという配慮からです。ただ，配偶者居住権を放棄することも可能であり，たとえば，所有権者も配偶者も居住建物の譲渡を望む場合には，配偶者居住権を放棄した上で所有権を譲渡することが考えられ，配偶者は放棄の見返りとして一定の対価を取得するということは可能です（配偶者居住権の存続期間中に配偶者が建物から立ち退く場合の買取額の評価方法について，遺産分割協議の際に予め定めておくことも考えられます）。このときの課税関係は明瞭ではありませんが，配偶者居住権は賃借権類似の債権なので，一種の立退料と考え，対価を支払った所有者にとっては譲渡費用として譲渡所得の計算上控除し，支払を受ける配偶者にとっては，通常は譲渡所得として課税されると考えられます。

(2)　居住建物の修繕権等

　居住建物の修繕が必要なときは，まず，配偶者が一次的に修繕を行うことができます（新民1033条1項）。所有者は，配偶者が相当期間内に必要な修繕をしない場合に修繕することができます（同条2項）。これらは，居住建物の価値の維持のために認められている権利であり，修繕義務は課されていません。なお，配偶者は，自ら修繕しない場合には，修繕を要することを所有者が知っている場合を除き遅滞なく所有者に通知する義務を負います（同条3項）。

　また，配偶者は，居住建物について権利を主張する者がいるときも，所有者が知っている場合を除き，遅滞なく所有者に通知する義務を負います（同条3項）。

(3)　配偶者による必要費などの負担

　配偶者は，居住建物の通常の必要費を負担します（新民1034条）。たとえば，居住建物および居住建物の敷地部分の固定資産税，居住建物が借地権に基づく場合における当該敷地の地代などは，通常の必要費として配偶者負担となるものと考えられます。

所有者は，通常の必要費以外の必要費（たとえば災害による破損の修繕費など）を償還し，また，有益費については，価値の増加が現存する場合に限り，支出額又は増加額を償還しなければなりません（新民1034条2項・民583条2項，民196条）。

(4)　登記（対抗要件）

配偶者は，Q2-2に説明した要件を満たせば，配偶者居住権の設定の登記がなされていなくても配偶者居住権を取得できます。

登記がなくても権利が発生するという点（登記が効力要件ではないという点）において，配偶者居住権は他の利用権である使用借権や賃借権と同様です。ただし，使用貸借であればそもそも対抗力を有さず，また，建物賃借権であれば，登記（民605条）がなくても，建物の引渡しがあれば対抗力を有します（借地借家法31条）が，配偶者居住権はそのいずれとも異なり，登記を備えてはじめて対抗力を有するという制度設計とされました。

すなわち，配偶者は，配偶者居住権の設定の登記がなされていない場合には，居住建物について物権を取得した者（たとえば，居住建物の譲受人）に対して配偶者居住権を主張（対抗）することができません。

配偶者居住権について設定登記がなされた場合，配偶者は，登記後に居住建物について物権を取得した者（たとえば，居住建物の譲受人）に対しても配偶者居住権を主張（対抗）することができるようになり，また，第三者に対して，居住建物について妨害排除請求や返還請求を行うことができるようになります（新民1031条2項・605条，605条の4）。

配偶者居住権の設定登記は，配偶者単独では申請できず，配偶者と所有者が共同で申請する必要があります。居住建物の所有者は，配偶者居住権を取得した配偶者に対して，配偶者居住権の設定登記を具備させる義務を負います（新民1031条1項）。なお，審判の場合には，通常，登記手続もあわせて命じられることになるものと考えられます（家事事件手続法第196条）。

(5)　遺留分減殺請求，持戻し免除の推定規定

配偶者が配偶者居住権を取得した場合，その財産的価値に相当する価格を相続したものとして扱われます。なお，配偶者居住権が，当初想定されていた存続期間（特定の期間あるいは終身）よりも前に終了した場合であっても，価値

の精算は行われません。

遺贈によって配偶者居住権が設定され，これが他の相続人の遺留分権利者の遺留分を侵害する場合には，遺留分侵害額請求の対象となります。

また，婚姻期間が20年以上の夫婦間で居住用不動産の遺贈があった場合の持戻し免除の意思表示の推定規定（新民903条4項，Q3-3参照）は，配偶者居住権の遺贈についても準用されます（新民1028条3項）。

2 配偶者居住権の存続期間と消滅

(1) 存続期間と消滅原因

配偶者居住権は，遺産分割協議，遺言，審判で特段の定めがなされていれば当該期間，特段の定めがないときは配偶者の終身の間存続します（新民1030条）。

配偶者居住権は，以下の事由により消滅します。

① 期間満了（新民1036条・597条1項）

② 配偶者の死亡（新民1036条・597条3項）

③ 用法遵守義務違反等

用法遵守義務違反や善管注意義務違反をし，または，承諾を得ずに増・改築しもしくは第三者に使用収益させた場合で，居住建物の所有者が相当の期間を定めて是正の催告をし，その期間内に是正されないとき，所有者は，配偶者に対する意思表示により配偶者居住権を消滅させることができます（新民1032条4項）。

④ 居住建物の滅失等

居住建物の全部が滅失その他の事由により使用収益することができなくなった場合，配偶者居住権は消滅します（新民1036条・616条の2）。

(2) 返還，原状回復義務等

配偶者は，配偶者居住権が消滅したときは，居住建物の返還をしなければなりません（新民1035条1項本文）。この際配偶者は，相続開始後に居住建物に付属させた物（ただし，分離することができない物または分離するのに過分の費用を要する物は除かれます）を収去し，また，相続開始後に生じた損傷（ただし，配偶者の責めに帰することができない事由によるものは除かれます）を原状に復する義務を負います（新民1035条2項・599条1項，621条）。配偶者

が死亡した場合，配偶者居住権は消滅しますが，これらの義務は当該配偶者の相続人に相続されます。

ただし，配偶者が居住建物について共有持分を有するときは，居住建物の所有者は，配偶者居住権の消滅を理由として返還を求めることはできません（新民1035条1項ただし書）。

(3) 損害賠償，費用の償還

配偶者の用法遵守義務や善管注意義務に違反する使用収益により生じた損害の賠償と，配偶者が支出した費用の償還は，所有者が居住建物の返還を受けたときから1年以内に請求する必要があります（新民1036条・600条）。

3 どういう場合に使うのか？

以上を踏まえて，配偶者居住権はどういう場合に用いるのでしょうか。

まず，法務省の図（Q2-1参照）にあるように，配偶者以外の相続人が自己の法定相続分の充足を強く主張するような場合に配偶者が居住建物を取得すると他の金融資産等の財産を取得できなくなり，今後の生活に支障が生じる場合が考えられます。このような場合には配偶者居住権を設定する利点があるでしょう。

また，配偶者居住権によって後継ぎ遺贈のニーズを実現することができます。典型的には，被相続人の相続人としては先妻の子と後妻がおり，被相続人としては，後妻が生存中は自宅に後妻を住ませたいが，後妻の死後は先妻の子に自宅を承継させたいというケースで，自宅の所有権を，後妻ではなく，先妻の子に相続させ，配偶者居住権を後妻に遺贈しておけば，後妻の死後，自宅の権利が後妻の親族に相続されることを防止することができます。

こうしてみると，配偶者居住権を設定するのは，相続人間に潜在的ないし顕在的に何らかの紛争関係が存在する家庭であるとも言えます。

配偶者居住権は，登記することによって第三者に対抗することができます。しかし，登記するということは世の中の誰もが知ることができるということであり，配偶者居住権の登記を見て，何か事情がある家庭であるといううがった見方をする人もいるかもしれません。専門家としては，こういったことにも配慮して相談者に適切な助言を行うべきでしょう。

なお，配偶者居住権を用いた租税回避もあり得ます（本書執筆時点では租税

回避の防止策は制定されていません)。この点はQ2-6をご参照ください。

> **ポイント**
> ・配偶者が居宅を第三者に賃貸することは可能だが，所有者の承諾が必要であること。
> ・配偶者居住権は登記することによって対抗力を有すること。
> ・配偶者居住権は後継ぎ遺贈的にも用いることができること。

第 2 章　配偶者居住権　31

Q2-4　配偶者短期居住権の要件

配偶者短期居住権はどのような要件で発生し，また，どのような場合に消滅するのでしょうか。

A

配偶者短期居住権は，以下の要件を満たした場合に発生します。
- ①　居住建物が被相続人の遺産であること
- ②　配偶者が，居住建物について無償で居住していたこと

また，配偶者短期居住権は，以下の原因により消滅します。
- ①　用法遵守義務・善管注意義務違反
- ②　配偶者居住権の取得
- ③　配偶者の死亡
- ④　居住建物の滅失

解　説

1 配偶者短期居住権の要件

　配偶者居住権は，遺贈，遺産分割によって設定されなければ発生しません（Q2-2参照）が，配偶者短期居住権は，以下の要件を満たせば，当然に発生します。遺贈，遺産分割がなくても，少なくとも短期的な居住権は保護するべきであるという発想があるからです。

⑴　居住建物が被相続人の遺産であること

　配偶者短期居住権は，配偶者（被相続人）が亡くなり相続が生じた場合に生存配偶者の居住建物における居住権を保護するものです。したがって，当然の前提として，居住建物が相続の対象となる遺産であることが必要です。

　なお，配偶者居住権については居住建物を配偶者以外の者と共有していた場合には取得できません（新民1028条1項ただし書）が，配偶者短期居住権については被相続人と配偶者以外の者との共有だった場合にも発生します。短期的な居住権ゆえ，他の共有者の権利侵害の程度が低いからです。

⑵　配偶者が，居住建物について無償で居住していたこと

　次に，配偶者短期居住権は，それまで居住してきた住み慣れた建物に継続し

て居住することを認める権利であるため，当該建物に相続開始時点で居住していなければ発生しません。

　なお，有償で居住していた場合には，利用契約（賃貸借契約）が締結されており，配偶者は，その利用契約の継続により居住建物を使用することができるので配偶者短期居住権を発生させる必要がありません。したがって，配偶者短期居住権の発生には無償での居住が要件となっています。

(3)　**例　外**

　上記を満たした場合でも，配偶者短期居住権は，①配偶者が，相続開始時に居住建物に係る配偶者居住権を取得していた場合，または，②民法891条（相続人の欠格事由）の規定に該当し，もしくは，廃除によって相続権を失った（1037条1項本文ただし書）場合は，発生しません。

　なお，配偶者が相続放棄をした場合であっても，配偶者短期居住権は発生します。この場合，配偶者は，居住建物取得者から配偶者短期居住権消滅の申入れ（新民1037条3項）を受けた日から6か月を経過する日まで，居住建物に居住できます。したがって，相続財産の債務超過によって相続放棄をせざるを得ない場合でも，配偶者にはかかる短期間の居住権は保護されることになります。

2 ┃ 配偶者居住権の消滅

　配偶者短期居住権は，以下の原因により消滅します。

　①　用法遵守義務・善管注意義務違反（新民1038条3項）

　②　配偶者居住権の取得（新民1041条，民597条3項）

　③　配偶者の死亡（新民1039条）

　④　居住建物の滅失（新民1041条，民616条の2）

　配偶者短期居住権が消滅した場合，配偶者居住権を取得した場合を除き，配偶者は，居住建物を返還しなければなりません。なお，上述したとおり，配偶者が居住建物の共有持分を有する場合は，一般の共有の規律に従い建物を使用収益する権限を有しますので，配偶者短期居住権が消滅したことを理由に居住建物を返還する必要はありません（新民1040条1項）。

　┌─ **ポイント** ─────────────────────

　• 配偶者短期居住権は，遺言，遺産分割がなくても，一定の要件を満たせば法律上当然に発生し，配偶者の短期の居住権が保護される。

第 2 章　配偶者居住権　33

Q2-5　配偶者短期居住権の効果

配偶者短期居住権はどのような効果を持つのでしょうか。

A

　配偶者短期居住権が認められた場合，配偶者は，一定期間，居住建物を無償で使用できますが，その反面，用法遵守義務や善管注意義務等を負います。

解　説

1 配偶者短期居住権の効力

(1) 配偶者による使用

　配偶者短期居住権が認められた場合，配偶者は，**2**に述べる期間まで，居住建物を無償で使用することができます。

　ただし，相続人の生前，居住建物の一部のみを使用していた場合は，その部分についてのみ使用できるに留まります（新民1037条 1 項）。

　配偶者は，居住建物を使用するにあたっては，第三者が所有する建物を使用するのと同様に，従前の用法に従い，善良な管理者の注意をもって居住建物の使用をしなければなりません（新民1038条 1 項）。

　また，配偶者短期居住権は譲渡することができませんし（新民1041条，同1032条 2 項），居住建物取得者の承諾がなければ，第三者に使用させることはできません（新民1038条 2 項）。

(2) 居住建物の修繕，費用負担等

　居住建物の修繕および費用負担は，配偶者居住権における内容と同じです（Q 2 - 2 参照）（新民1041条，1033条，1034条）。

(3) 登記（対抗要件）

　配偶者短期居住権は，配偶者の短期的な居住権を保護するものであり，配偶者居住権と異なり，登記等によって公示して，第三者に対抗することはできません。したがいまして，配偶者短期居住権を有する配偶者は，相続人，居住建物の受遺者または受贈者に対してその権利を主張することができますが，それ

以外の第三者に対しては，権利を主張することができません。

2 配偶者短期居住権の存続期間

配偶者短期居住権の存続期間は，以下のとおり二つに分けられます。いずれにせよ，配偶者は，少なくとも6か月間は居住権が確保されます。

(1) **居住建物について配偶者を含む共同相続人間で遺産分割をすべき場合（新民1037条1項1号）**

配偶者短期居住権の存続期間は，①遺産分割により居住建物の帰属が確定した日，または，②相続開始の時から6か月を経過する日のいずれか遅い日までとなります。

(2) **(1)以外の場合（相続，遺贈により第三者が居住建物を取得した場合等）（新民1037条1項2号）**

居住建物の所有権を相続または遺贈により取得した者が，配偶者短期居住権消滅の申入れ（新民1037条3項）をした日から6か月を経過する日までとなります。

【図表2-5　配偶者短期居住権の存続期間】

(1)居住建物について遺産分割をすべき場合（1号）

(2)(1)以外の場合（2号）

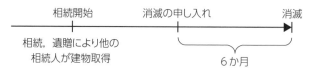

> ポイント
> ・配偶者短期居住権の成立により，少なくとも6か月間は無償で居住できる。
> ・遺産分割協議が長引く場合には，協議成立までは無償で居住できる。

第 2 章　配偶者居住権　35

Q2-6　配偶者居住権の評価，課税上の取扱い

配偶者居住権の評価，課税上の取扱いを教えてください。

A

　配偶者居住権は財産的価値があります。したがって，遺産分割手続で財産的価値のあるものとして考慮されるだけでなく，相続税課税においても一定の評価がされます。

　法務省の法制審議会では参考として評価方法が示されました。また，税制改正においても評価方法が公表されています。

　小規模宅地等の特例も適用できると解されます。

　配偶者居住権を使った租税回避行為については今後の議論の集積が待たれます。

解　説

1 ┃ 法務省法制審議会

　遺産分割手続において配偶者居住権を設定する場合には，その評価方法が問題となります。相続人間で評価の合意が成立しない場合には，最終的には，鑑定によって評価額を決めることになります。法務省法制審議会では，その評価方法を厳格に定めるということはしませんでしたが，参考として評価方法を検討しています。

　法制審議会では，議論の当初，①住宅価格－居住権価格＝居住権付き住宅価格というように，「居住権価格」を評価して，それを住宅価格から控除するという発想を持っていました。なお，居住権価格は建物の賃料相当額×存続期間として計算することを想定していました（法制審議会第14回議事録参照）。

　しかし，法制審議会第19回会議においては，日本不動産鑑定士協会連合会から以上の考え方についての問題点を諸々指摘され，結局，②住宅価格－居住権付き住宅価格＝居住権価格とする評価方法を簡易な評価方法として示しています。この場合は，①と異なり，まず居住権付きの住宅価格（負担付き所有権の価値）を算出します。

　ここで，居住権付きの住宅価格は，居住の負担が消滅する将来の時点での価

【図表2-6 配偶者居住権の評価方法】

簡易な評価方法の考え方

法制審議会民法（相続関係）部会において事務当局が示した考え方(注1)
※平成29年3月28日第19回部会会議資料より

 −

建物敷地の現在価値 − 負担付所有権の価値(注2) ＝ 配偶者居住権の価値

(注1)相続人間で，簡易な評価方法を用いて遺産分割を行うことに合意がある場合に使うことを想定したものであるが，不動産鑑定士協会からも一定の合理性があるとの評価を得ている。
(注2)負担付所有権の価値は，建物の耐用年数，築年数，法定利率等を考慮し配偶者居住権の負担が消滅した時点の建物敷地の価値を算定した上，これを現在価値に引き直して求めることができる（負担消滅時までは所有者は利用できないので，その分の収益可能性を割り引く必要がある。）。

評価の具体例

（事例）
同年齢の夫婦が35歳で自宅（木造）を新築。
妻が75歳の時に夫が死亡。
その時点での土地建物の価値4200万円（注）。

（注）東京近郊（私鉄で中心部まで約15分，駅徒歩数分）の実例（敷地面積90平米，木造2階建て，4DK＋S，築40年）を参考に作成

 −  ＝ 配偶者居住権の価値 1500万円

建物敷地の現在価値 4200万円 − 負担付所有権の価値 2700万円

平均余命　平成28年簡易生命表より抜粋
（単位：年）

	男	女
50歳	32.54	38.21
55歳	28.02	33.53
60歳	23.67	28.91
65歳	19.55	24.38
70歳	15.72	19.98
75歳	12.14	15.76
80歳	8.92	11.82
85歳	6.27	8.39

終身の間（平均余命を前提に計算）の配偶者居住権を設定したものとして計算(注)
この場合，配偶者居住権の価値は1500万円となり，約35パーセントにその価値を圧縮することができる。

(注)この事例では，配偶者居住権消滅時の建物の価値が0円となるため，土地の価格（4200万円）を法定利率年3％で15年分割り戻したもの。

（出典：法務省資料）

値を，現在価値に割り戻す方法で算出します。存続期間が配偶者の終身の場合には，一種の割切りとして平均余命の期間を用います。図表2－6では，建物敷地の価値4,200万円について，妻（75歳）の平均余命（15.76歳）期間経過時点に係る現在価値を，年利3％（債権法改正後の原則的な法定利率）で割り戻して計算する方法により約2,700万円となることから（すなわち，約2,700万円×1.03の15.76乗＝約4,200万円），居住権付きの住宅価格（負担付き所有権の価値）は約2,700万円とされ，配偶者居住権の価値は約1,500万円とされています。

2 税制改正

平成31年度税制改正によって，相続税法23条の2が新設され，配偶者居住権の評価方法が規定されました。これによっても，上記の法務省資料のように，まず居住権付きの住宅価格（負担付き所有権の価値）を算出する（建物・土地の時価から，居住の負担が消滅する将来の時点での価値を現在価値に割り戻した額を控除する）という方式が採用されました。

①配偶者居住権
＝建物の時価
　－建物の時価×（残存耐用年数－配偶者居住権の存続年数）／残存耐用年
　　数×配偶者居住権の存続年数に応じた民法の法定利率による複利現価率

②配偶者居住権が設定された建物（以下「居住建物」という）
＝建物の時価－配偶者居住権の価額

③配偶者居住権に基づく居住建物の敷地の利用に関する権利
＝土地等の時価
　－土地等の時価×配偶者居住権の存続年数に応じた民法の法定利率による
　　複利現価率

④居住建物の敷地
＝土地等の時価

－敷地の利用に関する権利の価額

　なお，建物の一部が賃貸の用に供されている場合には，賃貸の用に供されている部分とそれ以外の部分の床面積の割合に基づき計算します（相続税法施行令5条の8第1項1号）。

　配偶者居住権は建物の全部について成立しますが，配偶者と既存の賃借人は対抗関係に立ちます。建物賃貸借契約においては建物の引渡しが対抗要件となる（借地借家法31条）ところ，通常，賃貸部分については賃借人が先に引渡しを受けているでしょうから，配偶者は，当該賃借人に対しては配偶者居住権による使用収益権を対抗できません。したがって，一般的には，賃借人は賃貸人たる地位を承継した居住建物の所有者に対して賃料を支払うことになると解されています。そうすると，相続開始時に賃貸部分がある場合には，当該賃貸部分については，所有権を取得する相続人の相続財産（建物については貸家，土地については貸家建付地）として申告書に計上することになるのではないかと思われます。

　被相続人が相続開始の直前において当該建物をその配偶者と共有していた場合には，共有持分に基づき計算します（相続税法施行令5条の8第1項2号）。

　また，耐用年数については，相続税法23条の2第1項2号イが「建物の耐用年数（所得税法の規定に基づいて定められている耐用年数に準ずるものとして政令で定める年数をいう）」とし，相続税法施行令5条の8第2項は，これを，「所得税法施行令129条（減価償却資産の耐用年数，償却率等）に規定する耐用年数のうち居住建物に係るものとして財務省令で定めるものに1.5倍を乗じて計算した年数（6月以上の端数は1年とし，6月に満たない端数は切り捨てる）」としています。

3 ▌小規模宅地等の特例

　平成30年12月の税制改正大綱では，配偶者居住権と小規模宅地等の特例の適用関係については特段の言及はなされていません。

　したがいまして，（1）配偶者居住権（のうち土地の利用に係る部分）は，「土地の上に存する権利」として，（2）配偶者居住権の負担付きの土地所有権は，「土地」として，他の要件を満たせば小規模宅地等の特例の適用対象となると思われます（租税特別措置法69条の4）。

第2章　配偶者居住権　39

4 租税回避

　配偶者居住権を用いると，次のような租税回避が可能となるように思われます（ここでは，税法が正面から認める税負担の軽減方法ではないことから，あえて，節税といわず租税回避と言います）。

　すなわち，上記法務省資料の例でいえば，建物敷地の価値は4,200万円であり，一次相続で妻が相続して配偶者の税額軽減規定を用いて実質非課税とするにしても，二次相続時において子が承継する際には4,200万円を課税価格に算入して相続税課税がなされます（ここでは便宜のため基礎控除や小規模宅地の特例は度外視します）。

　しかし，配偶者居住権を設定すると，一次相続時には妻が1,500万円の配偶者居住権を取得し，これが配偶者の税額軽減規定の適用により実質的に非課税とされつつ，子が取得する負担付き所有権は2,700万円となります。そして，妻の死亡による二次相続時には1,500万円分の配偶者居住権は妻の死亡により消滅しているので，民法上は相続財産になりません。すなわち，本来的には4,200万円の価値のあるものとして資産課税の課税対象となるべき資産が，一次相続と二次相続をあわせても2,700万円の限度でしか課税されないということになります。

　この点，たとえば，遺産として，自宅（2,700万円相当）と預金（1,500万円）があり，自宅を子，預金を妻が相続し，妻が預金を賃料等の生活費に充て，妻の相続時には預金が0円となっていた場合には，租税回避ではあり得ないでしょう。しかし，上記事例とは，子が最終的に取得する自宅の価値が違う（2,700万円か4,200万円か）ので，やはり，一次相続から二次相続を全体として見たときに違和感があろうかと思います。その違和感は，一次相続後の妻の居住権の価値が年数の経過によって減少することとの見合いで子の負担付き自宅の価値が上昇することについて課税していないという違和感かも知れません（そうすると，配偶者居住権設定後に，連年，子はみなし贈与課税がなされるべきかもしれません（基礎控除以下なら非課税ですが））。

　なお，「配偶者居住権を取得した配偶者が死亡した場合，配偶者居住権は消滅するため，相続税の課税対象にはならない。しかし，配偶者が死亡したことにより，居住建物所有権や敷地所有権を持つ配偶者以外の相続人等にとっては，使用・収益が制限されていた配偶者居住権の負担がとれることになるため，そ

の分の経済的利益に課税が生じる可能税が考えられる」「課税が発生するケースは，『配偶者と他の配偶者以外の相続人等との間で，配偶者居住権の設定について合意解除がなされたとき』などが考えられる」（税のしるべ第3350号（平成31年2月11日））といった見解もあります。

　以上のように，今後の実務において，配偶者居住権は租税回避のために使われるケースがあると想定されます（なお，類似するものとして，信託によって収益物件を元本受益権と収益受益権に分解して前者のみ推定相続人に贈与し，後に収益受益権を時の経過によって消滅させ，収益受益権部分の資産課税を回避するという手法も喧伝されることがあります）。

　今後の税制改正等においてこれに対する対応がとられるのか，その場合にどのような課税関係となるのか，注視すべきと言えます。

ポイント

- 配偶者居住権の財産的評価は，遺産分割時の評価および相続税課税における評価において問題となる。
- 平成31年度税制改正において相続税課税における評価方法が法定された。
- 配偶者居住権を利用した租税回避スキームの取扱いは現時点では不明瞭である。

第3章

遺産分割

Q3-1 遺産分割とは

Q3-2 改正点

Q3-3 持戻し免除の意思表示の推定

Q3-4 預貯金仮払い制度

Q3-5 遺産分割前に遺産に属する財産を処分した場合の遺産の範囲

Q3-1 遺産分割とは

遺産分割に関する見直しが行われたと聞きました。そもそも，遺産分割とはどのような制度でしょうか。

A

　遺産分割とは，遺言がない場合に，法律が定めた相続人（法定相続人）が相続財産を分けて承継することをいいます。相続人間で話し合いがまとまらない場合には，最終的に，家庭裁判所の審判において，裁判所が法定相続分を基準として妥当な分割方法を決定します。

解説

1 遺言と遺産分割

　相続財産には，相続によって当然に分割されるものと，当然に分割されずに共有状態になるものがあります。後者の共有状態を遺産共有といいます。

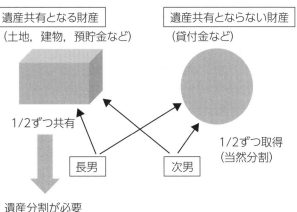

【図表3－1　遺産共有】

　遺産共有となる財産を相続するには，①遺言による相続と，②遺産分割による相続の2種類のいずれかによらなければなりません。

①遺言によって遺産分割方法が指定された場合には，被相続人の死亡と同時に，財産移転の効果が生じ，遺言で指定された人が遺言で指定された財産を取得します（遺贈の場合も同様です）。その内容によっては，遺留分が問題となることがあります（Q5-1参照）。

②①以外の場合には，相続財産は，法律が定めた相続人（法定相続人）が法律の定めにより相続し，財産を分ける手続を行って引き継ぎますが，法律の定めによる相続を「法定相続」といい，法定相続人が具体的に財産を分ける手続を「遺産分割」といいます。相続税申告とは異なり，遺産分割自体には期限がありません（ただし，現在，遺産分割協議および遺産分割の申立ての期限を相続開始時から10年とする法改正を行う議論がなされていますので，注意が必要です）。

遺産分割が行われるまでの間の相続財産は遺産共有となり，相続人が単独で処分することはできません。

預貯金債権については，従前の判例では，可分債権であり当然分割となり遺産分割の対象とならないと解されていました。したがって，法定相続人が，金融機関に対し，相続分に係る預貯金部分については単独で支払いを求めることができるとされていました。しかし，最高裁平成28年12月19日決定・民集70巻8号2121頁が従来の判例を変更し，遺産共有となり遺産分割の対象となるとしました。したがって，預貯金債権については遺産分割終了までの間は，各相続人は処分できませんが，今回の法改正で仮払い制度が創設されました。

2 遺産分割協議

通常，遺産分割にあたっては，相続人間で，誰がどの相続財産をどのような割合で取得するか，「遺産分割協議」を行います。

遺産分割協議は相続人全員で行う必要がありますが，相続人全員の同意があれば，ある相続人が全てを取得し他の相続人が何も取得しないと定めるなど，どの相続人がどの財産を取得するか，自由に決めることができます。

そして，遺産分割協議で決められた結果について，遺産分割協議書を作成し，協議書の内容を実行し，遺産分割を実現します。

3 家庭裁判所の調停・審判による遺産分割

(1) 遺産分割協議がまとまらなければ，最終的には，家庭裁判所に遺産分割の

申立てを行い，調停・審判を経て，法定相続分を基準として裁判所による遺産分割が行われます。

調停は，家庭裁判所の調停委員会を間にして当事者間での合意の形成を目指す手続きであり，これが不調に終わった場合には，審判手続に移行し，遺産分割審判が行われます。

審判に不服がある場合は，高等裁判所へ不服申立が可能です。

調停も審判も，期日は1か月に1回程度しか開かれません。また，遺産分割の前提となる相続財産の範囲等について争いがある場合は，遺産分割とは別の訴訟になります（実務プラス「遺産分割の前提問題って何？（地裁と家裁）」参照）。したがって，遺産分割が完全に終了するまでに何年もかかる可能性があります。

(2) 遺産分割の調停・審判では，①相続人の範囲と相続分を確定し，②遺産分割の対象となる相続財産を特定し，③この評価を行い，④具体的相続分を確定・算出し，⑤遺産分割の方法を決定する，というプロセスを経ることになります。

②遺産分割の対象となる相続財産は，相続税申告の対象となる財産と必ずしも同一ではなく，たとえば，相続人を受取人として指定された死亡保険金などは相続財産にはあたりません（相続人の固有財産となります）。

また，③相続財産の評価については，相続開始時ではなく，「遺産分割時」の「時価」が基準となる点に注意が必要です。たとえば，不動産については，当事者が合意をすれば，固定資産税評価額や路線価等の合意した基準にて評価することが可能ですが，合意がなければ，不動産鑑定が行われ時価を算定することになります（実務プラス「遺産分割における遺産評価」参照）。

④遺産分割の基準となる相続分は，原則的には法定相続分（民900条）ないしは遺言によって指定された指定相続分（民902条）によりますが，特別受益（民903条）や寄与分（民904条の2）がある場合にはこれによって修正された具体的相続分によります。具体的相続分の確定・算出にあたっては，特別受益者と特別受益の額，寄与相続人と寄与分を確定し，相続開始時の具体的な相続分率を遺産分割時における遺産評価額に乗じて遺産分割取得額を算出します。特別受益，寄与分についても，今回法改正がありましたので，Q3-3，Q7-2をご覧ください。

第3章　遺産分割　45

- ・特別受益や寄与分のない者の具体的相続分
  （相続財産の価格＋特別受益−寄与分）×法定相続分
- ・特別受益のある者の具体的相続分
  （相続財産の価格＋特別受益−寄与分）×法定相続分−特別受益
- ・寄与分のある者の具体的相続分
  （相続財産の価格＋特別受益−寄与分）×法定相続分＋寄与分

⑤遺産分割の方法としては，現物分割，代償分割，換価分割，共有分割の4種類があります。現物分割とは個々の財産の形状や性質を変更することなく現物をそのまま分割することをいい，代償分割とは，一部の相続人が相続分を超える額の財産を取得する代わりに他の相続人に対し代償金を支払う債務を負担して分割することをいいます。換価分割とは，遺産を売却等で換金した後に売買代金等を分配することをいいます。共有分割とは，遺産を共有取得する分割方法です。

【図表3−2　遺産分割の方法】

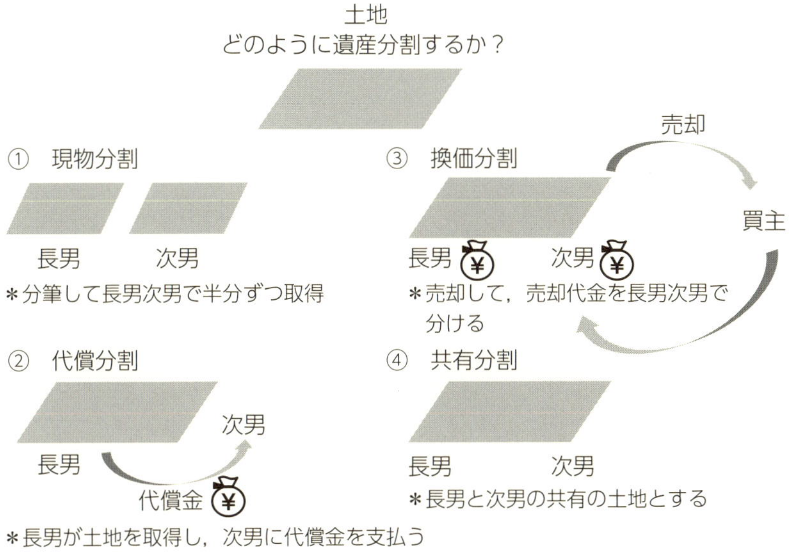

土地
どのように遺産分割するか？

① 現物分割

長男　　　次男
＊分筆して長男次男で半分ずつ取得

② 代償分割

次男
長男
代償金
＊長男が土地を取得し，次男に代償金を支払う

③ 換価分割

売却
買主
長男　　　次男
＊売却して，売却代金を長男次男で分ける

④ 共有分割

長男　　　次男
＊長男と次男の共有の土地とする

いずれの方法によって分割するかは原則として当事者の意思によりますが，争いがある場合には，裁判所が決定することになります。その場合，一般的には現物分割を検討し，これが相当でない場合には代償分割，代償分割ができない場合には換価分割を検討し，これも不可能な場合には共有分割になります。

ポイント

• 遺産共有となる遺産については分割が必要である。
• 民法と相続税では，遺産の範囲，評価時点等が異なる。

第3章　遺産分割　47

実務プラス

遺産分割の前提問題って何？（地裁と家裁）

　遺産分割の前提問題とは，遺産分割を行う前提として解決しておかなければならない問題であり，①相続人の範囲（相続欠格事由の存否や相続分の譲渡・放棄による当事者適格の喪失の有無等），②遺産の範囲の問題（遺産帰属性や遺産適格性），③遺言の存否・効力，遺産分割協議の効力，といった問題がこれにあたります。

　遺産分割手続は，遺言による指定分割がなされていない限り，多くの場合，まずは各共同相続人による遺産分割協議を行い，分割協議が成立しない場合は，家庭裁判所に遺産分割調停を申し立て，調停も成立しない場合には，家庭裁判所の遺産分割審判で分割処理を行う，という手順で行われています。

　家庭裁判所が扱う遺産分割事件は非訟事件といわれる類型であり，遺産分割調停・審判は，実体法上の権利関係の存否を終局的に確定することを目的とした手続ではなく，遺産分割の審判に「既判力」といわれる判断内容の拘束力はありません。裁判所により実体法上の権利関係の存否を終局的に確定させるには，訴訟事件として，民事訴訟や人事訴訟における判決手続を経る必要があります。

　上記の遺産分割の前提問題は，一般的には，実体法上の権利関係に関するものですので，本来，前提問題を最終的に解決しその存否を終局的に確定させるためには判決手続を経る必要がありますが，家庭裁判所が遺産分割審判手続で審理判断することは許されています（最高裁昭和41年3月2日決定・民集 20 巻3号360頁）。

　ただ，上記のとおり，審判における前提問題に関する判断には「既判力」が生じませんので，前提問題に関する判断に納得がいかない相続人は，別途，前提問題について確定を求める民事訴訟等の訴訟手続で前提問題を争うことができますし，訴訟手続で遺産分割審判の判断と異なる判決が出た場合には，遺産分割の審判はその限度で効力を失いますので（上記最高裁決定），場合によっては遺産分割を全面的にやり直さなければならない事態が生じ得ます。

　このように，遺産分割自体は家庭裁判所の遺産分割調停・審判手続で行われますが，遺産分割の前提問題に強い紛争性があるような場合には，家庭裁判所に遺産分割の調停や審判を申し立てるのではなく，まずは地方裁判所に前提問題について確定を求める訴訟を提起して，判決手続により前提問題を確定させた上で，その後，家庭裁判所に遺産分割調停・審判の申立てを行って，判決で確定された前提問題を前提に遺産分割を行う，という手順を選択する方が良い場合があります。家庭裁判所としても，訴訟の解決を先行させるべきと判断した場合には，遺産分割調停等についてはいったん取下げを求めます。

実務プラス

不動産の共有物分割（やめよう共有）

　遺産に不動産がある遺産分割協議等において，複数の相続人で共有分割するする方法がしばしとられます。たとえば，遺産に土地や建物があった場合に，3名の子供が相続人の場合で，現物分割，換価分割，代償分割せずに，それぞれが3分の1の共有持分を取得するというものです。このような共有分割のケースでも，当該不動産について，3名の共有者全員が居住しているのではなく，1人の共有者（およびその家族）が居住していることが多いです。

　この場合の法律関係ですが，共有者間で賃貸借契約や使用貸借契約等が締結されている場合には当該契約内容に従いますが，契約がなくとも，各共有者は，それぞれの共有持分権に基づき，当該不動産の全部を利用することが可能です。そのため，利用していない共有者は，利用している相続人に対して，利用料相当額の金銭請求はできますが（最高裁平成12年4月7日判決・集民 198号1頁参照），仮に他の共有者と合わせて過半数を超える共有持分権を有していたとしても，それ以外の正当とする理由がなければ，明渡請求をすることはできないと解されています（最高裁昭和41年5月19日判決・民集 20巻5号947頁参照）。

　次に，共有持分を換価する方法ですが，共有持分を売却することができますが，第三者としては共有持分を取得したとしても思ったとおりに使用・収益できるものではないため第三者への売却は難しいです。また，共有者間での売買も考えられますが，持分の評価で争いとなるケースも多くあります。

　共有分割は，共有者間の関係が良い時は問題ありませんが，関係悪化や期間の経過に伴い不公平が顕在化するなどして，共有者間でその利用や換価に関して新たな紛争が生じることがよく見られます。共有状態を解消するものとして，共有物分割の制度があります（民256条）。当事者間の協議が調わないのであれば，裁判所に共有物分割を求めることで，終局的に共有状態を解消することができ（民258条），裁判により，最終的に①現物分割，②換価分割（競売し売却代金を分配する），③代償分割のいずれかにより分割がなされます。

　しかし，いずれにせよ，共有状態を解消するには，新たな協議が必要であり，また，裁判手続にまで及んでしまった場合，解決まで長期間かかってしまいます。

　このように，遺産分割において不動産を共有分割した場合，後日紛争になり，また，その解決に相当の時間と労力がかかるというケースがありえます。このようなケースを多く見てきた実務家としては，遺産分割においてはできるだけ共有分割は避け，1人が相続して代償金を支払うか，相続割合に応じて分筆してそれぞれ単独所有とするなど工夫し，共有を避けることをお勧めします。

第 3 章　遺産分割　49

実務プラス

遺産分割調停の実際の進行

　当事者間で遺産分割協議がまとまらなかった場合には，家庭裁判所に，遺産分割調停を申し立てます。

　調停とは，裁判所の調停委員会（裁判官 1 名と調停委員 2 名）が，当事者から言い分を聞いた上で，法律の枠組みにのっとった適切な解決ができるように，助言を行いながら，合意を目指して話し合いを進める手続です。当事者は，これに出席しないこともできますし（その場合には終了します），合意が成立しなければ，そこで終了するというように，あくまでも話し合いの手続です。

　申立てを行うと（申立書のひな形は裁判所のホームページにあります），裁判所から相手方に，書面で呼出状が行き，調停がスタートします。指定された日に出頭できない場合には，日程を調整します。なお，弁護士が代理人として当事者に代わって出頭することも可能です。

　調停は 1 回につき約 2 時間，約 1 か月に 1 回行われます。調停を実際に進行させるのは調停委員 2 名（多くの場合，男性 1 名，女性 1 名）であり，裁判官は和解成立等の場面でのみ登場します。調停委員は，弁護士のこともありますが，法律の専門家ではない場合もあります。

　当事者は，指定された時間に，申立人・相手方とそれぞれ別に用意された待合室に出頭し，待っていると，調停委員が呼びに来ます。基本的に，調停委員が申立人と相手方個別に呼び出して交互に話を聞くという形で進行し，原則として同席しません（調停開始時や終了時には，同席を求められることがありますが，同席したくない場合には，そのように要請することが可能です）。

　原則として，調停室には，当事者以外の人（たとえば，当事者の配偶者，子どもなど）は入れません。なお，調停委員に話すことで，調停委員には聞いて欲しいが相手方に伝えて欲しくないことについては，そのように，お願いすることも可能です。

　期日の終了の際には，次回期日やそれまでに準備すべき事項の確認がなされます。

　話し合いは 1 回の期日でまとまることもありますし，何回もかかることがあります。まとまる場合には，まとまった内容が調停調書に記載され，万が一その内容が履行されなかった場合には，判決と同様に執行の手続を行うことのできる効力があります。

　話し合いがまとまらなかったときは，そこで，調停が終了し，審判手続に移行します。

| Q3-2 | 改正点 |

遺産分割に関してはどのような改正がされたのでしょうか。
また施行期日はいつですか。

A

　遺産分割については，①配偶者保護のための持戻し免除の意思表示の推定規定の創設，②仮払い制度の創設・要件等の明確化，③遺産分割前に遺産に属する財産を処分した場合の遺産の範囲の規定の創設がなされました。施行期日は解説を参照ください。

解 説

1 配偶者保護のための持戻し免除の意思表示の推定規定 (Q3-3)

(1)　夫婦間の居住用不動産の贈与に係る贈与税の配偶者控除の規定（相続税法21条の5）を参考にして，①婚姻期間が20年以上である夫婦の一方配偶者が，他方配偶者に対し，②居住の用に供する建物またはその敷地の全部または一部（居住用不動産）を目的とする遺贈または贈与をした場合は，③持戻し免除の意思表示があったものと推定し，遺産分割において当該居住用不動産の持戻し計算を不要とすることができると定めました。当該改正は，中間試案段階では想定されていません。中間試案においては配偶者の法定相続分を引き上げるという案が出されましたが，パブリックコメントで異論が多く，法制審議会の会議でも慎重意見が述べられました。その過程で，贈与税の配偶者規定を用いた場合には持戻免除を推定するべきではないかという意見が出て，法改正に至りました（法制審議会第14回会議，第15回会議参照）。

(2)　当該改正法は，施行日（平成31年（2019年）7月1日）以後にされた遺贈または贈与について適用されます。施行日以後に発生した相続であっても，遺贈または贈与がその前であれば適用されません（改正法附則4条）。

2 仮払い制度等の創設・要件明確化 (Q3-4)

(1)　最高裁判所は，平成28年12月19日，従前の判例を変更し，預金債権が遺産分割の対象に含まれるとの判断をし，遺産分割までの間は共同相続人全員が

共同して行使しなければならないと判示しました。しかしながら，そうすると，共同相続人において被相続人の債務を弁済する必要がある等の場合にも預貯金を払い戻して弁済することができないという不都合が生じます。

(2) そこで，改正法では，預貯金債権の仮分割の仮処分については，家事事件手続法第200条2項の要件を緩和し，家庭裁判所は，遺産分割の審判または調停の申立てがあった場合において，相続財産に属する債務の弁済，相続人の生活費の支弁その他の事情により遺産に属する預貯金債権を行使する必要があると認めるときは，他の共同相続人の利益を害しない限り，申立てにより，遺産に属する特定の預貯金債権の全部または一部を仮に取得させることができるようになりました。

(3) また，各共同相続人は，遺産に属する預貯金債権のうち，各口座ごとに以下の計算式で求められる額（ただし，同一の金融機関に対する権利行使は，法務省令で定める額を限度とする）までについては，他の共同相続人の同意がなくても単独で払戻しを求めることができることになりました（新民909条の2）。

　・単独で払戻しを求めることができる額＝相続開始時の預貯金債権の額×3分の1×当該払戻しを求める共同相続人の法定相続分

(4) 当該改正は，施行日（平成31年（2019年）7月1日）以後に開始された相続について適用されますが，施行日前に開始した相続に関し，施行日以後に預貯金債権が行使されるときにも適用されます（改正法附則2条，5条）。

3 遺産分割前に遺産に属する財産を処分した場合の遺産の範囲（Q3-5）

(1) 遺産分割は，相続開始時に存在しかつ遺産分割時に相続する財産を共同相続人間において分配する手続であることから，遺産分割時に存在しない財産については，遺産分割の対象とならないものと考えられてきました。

(2) しかしながら，改正法では，①遺産の分割前に遺産に属する財産が処分された場合であっても，共同相続人全員の同意により，当該処分された財産が遺産の分割時に遺産として存在するものとみなすことができる，②共同相続人の一人または数人により遺産の分割前に遺産に属する財産が処分された場合には，当該共同相続人については①の同意を要しないとの規定が新設されました（新民906条の2）。

(3)　当該改正は，施行日（平成31年（2019年）7月1日）以後に開始された相続について適用されます。

ポイント

• 配偶者保護のための持戻し免除の意思表示の推定規定は，贈与税の配偶者控除の規定を参考に立法された。

• 今後，贈与税の配偶者控除規定を用いる場合には，当該改正との関係を考慮する必要がある（Q3-3参照)。

実務プラス

遺産分割における遺産評価

　遺産分割の実務として，税理士の作成した相続税申告書の申告額をベースとして，相続人間で遺産分割協議が行われることはよくあることです。

　ただ，ここで注意をしなければならないのは，話し合いがまとまらずに，調停・審判となった場合には，「相続開始時」ではなく，「遺産分割時」の「時価」に基づき，相続財産の評価がなされることです。

　相続税評価額は通常は文字どおりの時価よりも低額ですが，当事者が合意すれば当該価額を元に遺産分割することが可能です。鑑定は煩瑣なので，たとえば土地については路線価評価額を0.8で割り戻した金額を時価と取り扱うという場合もあり得ます。また，調停や審判の実務では，それぞれが不動産会社等が行っている簡易鑑定書をいくつか提出し，その平均値を不動産評価とする，との合意がなされることもよくあります。

　ただし，当事者の依頼に基づく簡易鑑定書は，当事者の意向に沿った鑑定になりやすく，価格に大きな開きが出てくることが多く，方法につき合意ができなければ，最終的には，不動産鑑定士を裁判所が鑑定人として選任し，専門的な不動産鑑定を行うことになります。この場合には，鑑定費用が発生することになります。不動産鑑定の費用はケースバイケースですが数十万円から100万円を超える金額を求められることもあります。

　なお，非上場株式についても，不動産と同様，相続税申告額と時価には大きな開きが出てきます。相続税申告額で合意できれば簡単ですが，争いになると土地以上に評価額の振れ幅は大きいでしょう。

　そこで，不動産や非上場株式の評価が問題となる事案では，不動産については不動産鑑定士，非上場株式については公認会計士が，専門委員として，調停に参加し，意見を述べ，その意見が参考にされることがあります。

| Q3-3 | 持戻し免除の意思表示の推定 |

持戻し免除の意思表示があったものとする推定する旨の規定が置かれたということですが，どのような内容でしょうか。

A

　婚姻期間が20年以上の夫婦間で，居住用不動産の遺贈または贈与がされたときは，持戻し免除の意思表示があったものと法律上推定することとなりました。

解　説

1 改正の経緯

　第1章で解説したとおり，今回の相続法改正は，民法900条4号ただし書前段を違憲とした最高裁決定（平成25年9月4日）を機に，生存配偶者の保護の方策を中心に検討されることとなったものです。

　当初は配偶者の法定相続分の引上げも検討されていましたが，最終的には，配偶者居住権（Q2-1等）の創設とあわせ，持戻し免除の意思表示の推定規定を置くことで決着しました。

2 特別受益の持戻しとは

　相続人は，相続開始の時に被相続人が有していた財産について法定相続分に従った権利を持ちますが，被相続人が，一部の相続人だけに生前贈与をしていたり，遺贈をした場合，その程度によっては，相続分を前渡しでもらったと見て相続財産に加え，かつ，その相続人が既に相続で取得したものとして相続分を算定したほうが共同相続人間の衡平にかないます。そこで，一定の生前贈与や遺贈については「特別受益」として，相続開始の時に被相続人が有していた財産に「特別受益」を加えたものを相続財産とみなすこととしています（民903条1項）。これを「特別受益の持戻し」といいます。

【図表3-3　特別受益の持戻しのイメージ】

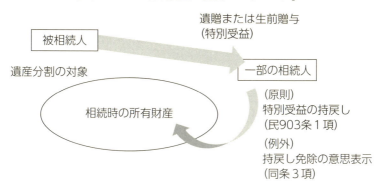

　特別受益者の最終的な相続分は、原則として、法定相続分に従って算定された相続分の中から特別受益の価額を控除した残額となります。特別受益には、①遺贈、②婚姻もしくは養子縁組のためもしくは生計の資本としての贈与、が該当します。生計の資本としての贈与には、たとえば、自宅購入資金の贈与、多額の借金の肩代わりなどがあります。

　特別受益に該当する場合であっても、例外として、被相続人が、それを相続財産に持ち戻さなくてもよいという意思を表示していれば持戻しの計算をしません（民903条3項）。この意思表示を「持戻し免除の意思表示」といいます。

　被相続人が持戻し免除の意思を遺言書などで明確に表示していない場合でも、たとえば高齢で重病の相続人に生活資金を贈与したような場合には、黙示の意思表示が認められることがありますが、立証責任は特別受益を受けた相続人側にあります。

3　持戻し免除の意思表示の推定規定の新設（新民903条4項）

　新民法は、夫婦間の居住用不動産の贈与に係る贈与税の配偶者控除の規定（相続税法21条の5）を参考にして、特別受益に関する903条に第4項を新設し、持戻し免除の推定規定を置きました。

　その内容は、①婚姻期間が20年以上である夫婦の一方配偶者が、他方配偶者に対し、②居住用不動産を目的とする遺贈または贈与をしたときは、当該一方配偶者を被相続人とする相続について、持戻し免除の意思表示があったものと推定し、遺産分割においては当該居住用不動産について持戻し免除の計算の対象としないというものです。

4 法律上の推定とは

　新民法903条4項は，「推定する」と規定しており，反証がない限り法律上の効果を認める法律上の推定規定となっています。したがって，被相続人の持戻し免除の意思についての反証，すなわち，被相続人が当該居住用不動産を持戻しの対象とする意思を有していたことの立証がされれば，原則に戻り，当該居住用不動産は持戻しの計算の対象とされることになります。

5 要　件

(1)　婚姻期間が20年以上の夫婦に限定

　この推定規定は，高齢化社会の進展等の社会情勢に鑑みて，一方配偶者の死亡により残された他方配偶者の保護の方策として創設されるに至ったものであることから，保護の対象を，婚姻期間が一定の長期間に及んでいる夫婦に限定しています。婚姻期間が一定の長期間に及んでいる夫婦の一方が他方に対して居住用不動産を遺贈ないし贈与する場合には，通常，それまでの財産形成に対する配偶者の貢献・協力に報いるとともに，老後の生活保障を厚くする趣旨で行うものと考えられ，遺産分割において配偶者の相続分を算定するにあたり，その価額を控除してこれを減少させる意図は有していないのが通常であり，このような意思表示の推定規定を設けることが一般的な被相続人の意思にも合致することを根拠とすると説明されています。

(2)　居住用不動産に限定

　また，対象は居住用不動産に限定されています。その理由は，居住用不動産については老後の生活保障という観点で特に重要なものであり，その他の財産も含めるとすると配偶者以外の相続人に与える影響が大きいこと，居住用不動産以外の財産を贈与する場合というのはさまざまなケースが考えられることがあげられています（法制審議会第18回会議資料2頁参照）。なお，居住用不動産については，成年後見の場面でも，成年被後見人の居住用不動産を成年後見人が処分する際には家庭裁判所の許可を要するものとされていること（民859条の3）等から，民法上，老後の生活保障にとって重要なものと位置づけられています。

　それでは，居宅兼店舗であった場合はどうでしょうか。明文は設けられませんでしたが，法制審議会第15回会議資料20頁では，少なくとも居住用部分は本

条の推定規定の適用があり，その余の部分については当該不動産の構造や形態，遺言の趣旨等によって判断が変わりうるとされています（区分所有建物かどうかによっても変わってくると思われます）。参考として国税庁タックスアンサーNo.4455（居住用部分がおおむね90％以上の場合を居住用不動産として扱う）も紹介されていますが，法制審議会の会議では税法ほど要件を厳しくしなくてもよいのではないかという意見が出されています（法制審議会第18回会議議事録5頁参照）。

　なお，居住用不動産に該当するか否かの判断時期は，贈与等の時点です。ただし，成年後見人による居住用不動産の処分についての民法859条の3の解釈においても，居住の用に供する予定があれば足りると解されていることからすると，贈与等の時点で居住の用に供していなかったとしても，近い将来居住の用に供する目的で贈与等した場合についても，新民法903条4項の推定が及ぶとの解釈をすることができると考えられます（中間試案補足説明9頁参照）。

6 贈与税の配偶者控除規定との関係

　相続税法21条の6は，贈与税の特例として，婚姻期間が20年以上の夫婦の間で，居住用不動産または居住用不動産を取得するための金銭の贈与が行われた場合，基礎控除（110万円）のほかに最高2,000万円まで控除（配偶者控除）ができるという特例を設けています。

　ただし，上記贈与税の特例は贈与のみが対象であり，遺贈を対象としてないこと，また，居住用不動産を取得するための金銭の贈与も対象としていることに留意が必要です。すなわち，居住用不動産の取得資金として金銭を生前贈与する場合には，贈与税の特例は適用される一方で，遺産分割における持戻しのリスクは残ることになりますので，遺言等において，持戻し免除の意思表示を明確にしておく必要があります。

7 本推定規定を使う場面

(1)　Q3-2で見たように，この改正は中間試案段階では想定されておらず，配偶者の法定相続分を引き上げるという案の調整が難航したことから，贈与税の配偶者控除規定を参考に立法化されたものです。

(2)　実務家からすると，婚姻期間が20年以上の夫婦の間で，老後の生活保障のために，居住用不動産を贈与する例がどれほどあるのかという疑問も抱くと

ころです。夫婦が離婚する場合には財産分与として自宅を譲渡する例はありますが，このときは過当ではない財産分与であればそもそも贈与税の課税対象になりませんし（相続税法基本通達9－8），離婚しているから相続関係は問題になりません。

　法制審議会の議論でも，中間試案段階までは本推定規定は全く想定されていません。中間試案に対するパブリックコメントで配偶者の相続分の引上げに対する反対意見が多く，審議会に参加した民法学者からも相続分の引上げよりも贈与税の2,000万円控除額をもう少し増やすといった方策の方が配偶者の保護に適うのではないか，という意見が出されていました。これに対し，法務省の事務当局から，贈与税の2,000万円控除の特例を使った生前贈与があった場合には遺産分割の場面で持戻し免除の意思表示がなされたという理解ができないか，という発言がありました（法制審議会第14回会議議事録18頁以下参照）。

　このようなやりとりから，急遽，本推定規定を設けることが改正の俎上に載ったのですが，法制審議会では，なぜ居住用不動産についてだけ持戻し免除の意思表示を推定するのかという疑問について，贈与税の特例の利用件数が年間1万数千件あることがヒントとなるという説明がされています（法制審議会第15回会議議事録43頁）。

(3)　しかしながら，当該贈与税の配偶者控除の特例は，資産を譲渡する場合の譲渡所得の節税スキームに用いられていることが多くあるはずです。すなわち，たとえば夫が単独所有する居住用不動産を売却する場合に，売却前にこの一部（評価額2,000万円以下）の持分を妻に贈与（この贈与は贈与税の配偶者控除特例によって非課税とする）し，かつ，居住用財産の譲渡所得について3,000万円を控除する特例規定（租税特別措置法35条）を夫と妻の両方で用いることによって，所得税の大幅な節税を図ることが可能となっています。

　なお，将来の相続税の節税のために，生前に配偶者間で居住用不動産を贈与しておくという例もあるでしょう。

　そうすると，上記年間1万数千件の夫婦間の贈与のうち，相当の件数が，配偶者の生活保障のための贈与ではなく，節税を主たる目的とした贈与ではないかと推察されます。

(4)　上記のとおり，本推定規定の要件となる居住用不動産に該当するか否かの

第3章　遺産分割　59

判断時期は，贈与等の時点です。したがって，以上の所得税の節税スキームのように，夫婦間での贈与の直後に売却されていても（不動産が金銭化していても），形式的には，本推定規定が適用されることになると思います（なお，新民法903条4項は持分の一部を贈与した場合を除くという限定を付していません）。

　税の実務家としては，かかるスキームを利用する場合には，当該換金後の金銭を相続時に持ち戻すかどうかという視点も踏まえて検討しなければならないことになります。また，遺産分割の場面では，上記所得税の節税スキームのために夫婦間で贈与し，直後に売却していたような場合には，持戻し免除の意思表示の法律上の推定を覆す事情があったといえるのではないか，というあらたな論点が生じることになるでしょう。

> ポイント
>
> ・法改正後に贈与税の配偶者控除規定を利用して居住用不動産を贈与する場合には，持戻し免除の推定規定との関係で，相続時の影響を考慮する必要が生じる。
> ・そのような贈与をしつつ，持戻し免除までは望まないというのであれば，その旨を遺言等で証拠化しておくことが望ましい。

| Q3-4 | 預貯金仮払い制度 |

相続された預貯金についての仮払い制度が設けられたとのことですが，どのような内容でしょうか。

A

生活費や葬儀費用の支払，相続債務の弁済などの資金需要に対応できるよう，遺産分割前にも払戻しが受けられる制度が創設されました。

解 説

1 沿 革

金銭債権等の可分債権は，判例上（最高裁昭和29年4月8日判決・民集8巻4号819頁），相続の開始により当然に分割され，各相続人が相続分に応じて権利を承継することとされていましたが，平成28年12月19日の最高裁決定（民集70巻8号2121頁）は従来の判例を変更し，預貯金債権は遺産分割の対象に含まれると判断しました。これにより，預貯金債権の払戻し請求は，遺産分割までの間，共同相続人全員が共同して行わなければならないこととなりましたが，被相続人が負っていた債務の弁済をしなければならない，被相続人から扶養を受けていた共同相続人の当面の生活費を支出しなければならない等の事情があるにもかかわらず，共同相続人全員の同意を得ることができず預貯金の払戻しができないという不都合が生じることとなりました。

このような場合，家事事件手続法200条2項の仮分割仮処分を活用することが考えられますが，共同相続人の「急迫の危険を防止」する必要がある場合という厳格な要件をみたす必要があるため，あまり活用されてきませんでした（なお，上記の平成28年の最高裁決定の補足意見では，当該仮分割仮処分を活用すべきであるとの付言がなされています）。

そこで，家庭裁判所の判断を経ることなく預貯金の払戻しを認める制度をあらたに創設するとともに，家事事件手続法の仮分割仮処分の要件を緩和する方策が取られました。

【図表3－4　預貯金の仮払い制度】

遺産分割における公平性を図りつつ，相続人の資金需要に対応できるよう，2つの制度を設けることとする。
(1) 預貯金債権の一定割合（金額による上限あり）については，家庭裁判所の判断を経なくても金融機関の窓口における支払を受けられるようにする。
(2) 預貯金債権に限り，家庭裁判所の仮分割の仮処分の要件を緩和する。

(1) 家庭裁判所の判断を経ずに払戻しが得られる制度の創設
　遺産に属する預貯金債権のうち，一定額については，単独での払戻しを認めるようにする。
　（相続開始時の預貯金債権の額（口座基準））×1/3×（当該払戻しを行う共同相続人の法定相続分）＝単独で払戻しをすることができる額
　　　（例）預金600万円　→　長男　100万円払戻し可

(2) 保全処分の要件緩和
　仮払いの必要性があると認められる場合には，他の共同相続人の利益を害しない限り，家庭裁判所の判断で仮払いが認められるようにする（家事事件手続法の改正）

(出典：法務省資料)

2　家庭裁判所の判断を経ることなく預貯金の仮払いを受ける制度

　各共同相続人は，被相続人の遺産に属する預貯金債権のうち，相続開始時の債権額の3分の1に払戻しを求める当該共同相続人の法定相続分を乗じた額について，単独でその権利を行使することができます（新民909条の2）。

　権利行使ができる預貯金債権の額については，個々の預貯金債権，すなわち口座ごとに判断されます。たとえば，同じ銀行に120万円の普通預金口座と300万円の定期預金口座がある場合，法定相続分2分の1の相続人が権利行使できるのは，普通預金口座につき120万円×3分の1×2分の1＝20万円，定期預金口座につき300万円×3分の1×2分の1＝50万円となります。

　ただし，預貯金の残高が多額の場合には上記算定式による金額も大きくなりますので，当面の生活費や葬儀費用等の暫定的な資金需要への対応という本来の趣旨から，各共同相続人による払戻しが可能な金額については預貯金債権の債務者ごと，すなわち金融機関ごとに150万円を限度とすることとしています（民法第九百九条の二に規定する法務省令で定める額を定める省令（平成30年法務省令29号））。150万円という金額は，統計上の平均的な生計費や葬式費用の額を参考に定められたものです。ただし，各共同相続人の上限ですので，相続人の人数が多ければそれだけ一つの金融機関から多くの金額を引き出すこと

が可能です。葬式費用は，相続人の人数が多ければ多くかかるというものではありませんが，当面の生活費は相続人ごとに事情が異なるので，このような定め方となっています。

また，被相続人が複数の金融機関に預貯金を有していた場合には，金融機関をまたいだ総額での上限は定められていませんので，各共同相続人において総額で150万円を超える払戻しを受けることもできます。

本制度により権利行使した預貯金債権については，遺産の一部分割により取得したものとみなされます。

3 仮分割仮処分の要件の緩和

①遺産分割の審判または調停の申立てがあった場合において，②相続財産に属する債務の弁済，相続人の生活費の支弁その他の事情により相続財産に属する預貯金債権を行使する必要があるときは，③他の共同相続人の利益を害しない限り，④相続人の申立てにより，家庭裁判所が遺産に属する特定の預貯金債権の全部または一部を申立人に仮に取得させることができるものとしました。

仮分割の仮処分の必要性があり，また，他の共同相続人の利益を害しないと裁判所が判断した場合には，預貯金債権の仮分割に限り，家事事件手続法200条2項の要件を緩和することとしたものです（新家事事件手続法200条3項）。

仮分割により申立人が預貯金の一部について払戻しを受けた場合は，仮分割された預貯金債権を含めて遺産分割の調停または審判がなされます。

(1) 行使する必要性があるとき

相続財産に属する債務の弁済と相続人の生活費の支弁が例示されています。

相続財産に属する債務の弁済については，自ら承継した債務とあわせ他の共同相続人が承継した債務を弁済する場合の第三者弁済部分も対象となるかが問題となりますが，申立人自身が当該債務を連帯保証や物上保証している場合等，第三者弁済することにつき法律上の利害関係を有している場合や，医療費や公共料金等，全額をまとめて払う事実上の必要性があり，共同相続人間での事後の求償が想定されるような場合には，認められる余地があります。

葬式費用については，**2**の家庭裁判所の判断を経ず預貯金の仮払いを受ける制度が創設されたことから，同制度により仮払いを受けてもなお葬式費用がまかなえないという特別な事情が必要となると考えられます。

なお，相続税は，相続人が固有に負担するものであり，相続財産に属する債

務ではありませんが，相続開始後の支出で最も多額になることが多く，**2**の家庭裁判所の判断を経ることなく預貯金の仮払いを受ける制度によってまかないきれない場合，自己資金か借入れを起こして納税せざるを得ず，それもできない場合延滞税が課されるという事態が生じることから，例示に加えるべきとの意見も強く述べられましたが（法制審議会第18回会議議事録31頁以下参照），結局，例示の対象とまではされませんでした。ただし，改正前の家事事件手続法にもとづく仮分割仮処分としても，申立人の収入状況や相続税の納付期限が切迫していることなどを考慮し，相続税の第1回分納金とその利息の範囲内で認めた審判（大阪家裁堺支部昭和59年5月28日審判）等がありますので，預貯金債権に限り仮分割仮処分の要件を緩和した新家事事件手続法200条3項の下では，個別具体的な事情により「その他の事情により必要があるとき」として認められる余地があると考えます。

(2)　**他の共同相続人の利益を害しないこと**

　他の共同相続人の利益を害しないとの要件については，基本的には，仮払いによる申立人の取得額が，遺産の総額に法定相続分を乗じた額の範囲内に入っていることを意味しますが，他の法定相続人が承継した相続債務をあわせて弁済する場合には，法定相続分を超える仮払いについても，なおこの要件をみたすものと考えられます。

(3)　**本案が係属していること**

　他の家事事件の保全処分と同様，新家事事件手続法200条3項に基づく仮分割仮処分を申し立てるにあたっても，遺産分割の調停または審判の本案が家庭裁判所に係属していることを要します。

4 ┃ 施行日

(1)　**家庭裁判所の判断を経ることなく預貯金の仮払いを受ける制度**

　新民法909条の2は，施行日（平成31年（2019年）7月1日）前に開始した相続に関し，施行日以降に預貯金債権を行使する場合にも適用されます（附則5条1項）。

(2)　**新家事事件手続法200条3項にもとづく仮分割仮処分**

　新家事事件手続法の施行日は，平成31年（2019年）7月1日であり，同法200条3項は，同日以降の申立てについて適用されます。

ポイント

- 相続によって預貯金が凍結された場合には，原則として，法定相続人全員の同意がなければ，預貯金を解約，引出しできない。
- 例外として二つの制度があり，①家庭裁判所の判断を経ることなく預貯金の払戻しを認める制度と，②家事事件手続法の仮分割仮処分の制度がある。
- ①は上限があり葬儀費用の支払い程度にしか用いることができない場合が多い。②については，相続債務の弁済や相続人の生活費の支弁のほか，相続税の納税等の目的でも認められる可能性がある。

第3章 遺産分割 65

Q3-5 遺産分割前に遺産に属する財産を処分した場合の遺産の範囲

遺産の分割前に遺産に属する財産を処分した場合の遺産の範囲について，新民法ではどのように定められましたか。

A

　実務上，遺産分割時に存在しない財産であっても，共同相続人全員の同意があれば，遺産分割の対象に含めることができると考えられていましたが，そのような考え方が明文化されました。また，共同相続人の一人または数人が遺産分割前に相続財産の処分をした場合には，当該処分をした者以外の共同相続人全員が同意すれば，遺産分割時に存在したものとみなして，遺産分割の対象に含めることができることとされました。

解　説

1 遺産に属する財産の処分

　遺産分割は，相続開始時に存在し，かつ，遺産分割時に存在する財産を共同相続人間において分割する手続です。

　したがって，相続開始時には存在していても，遺産分割時に存在しない財産については，理論的には遺産分割の対象にはなりません。たとえば，遺産分割前に第三者が相続財産を毀損，滅失させた場合や，共同相続人の一人が相続財産を処分した場合がこれに該当します。

　しかし，遺産分割時に存在しない財産であっても，共同相続人全員が遺産分割の対象に含める旨の合意をした場合には遺産分割の対象となるという考え方が，すでに判例や実務において定着していました。

　そこで，新民法906条の2第1項において，このことを明文化しました。

2 共同相続人による処分の場合

　遺産分割前に共同相続人の一人が他の共同相続人の同意を得ずに相続財産を処分した場合（たとえば，遺産分割前に，不動産の共有持分を譲渡したり，被相続人名義のキャッシュカードを用いて預金を払い戻したり，骨董品を毀損した場合など），当該処分をした者がより多くの財産を取得し，または遺産が毀

損されたことにより全員の取得額が目減りするという不公平が生じます。

　このたびの相続法改正においては，このような不公平を是正するための方策として，遺産分割前に相続財産を処分した共同相続人に対し，遺産分割による取得額が減少した共同相続人が，別途，民事訴訟を提起して償金を請求することができるとする制度を新設する案も検討されたのですが，遺産分割手続の中で一回的に処理することが望ましいこと，民法は，本来，相続開始時に存在した財産を具体的相続分に応じ分割することを予定しており，民法が予定する本来の姿に戻して一挙に解決することが当事者の合理的な意思にも合致することから，遺産分割の手続の中で解決することとする案が採用されました。

　共同相続人の一人または数人が遺産分割前に遺産に属する財産の処分をした場合には，当該処分をした者を除く共同相続人全員の同意があれば，当該処分された財産が遺産分割時にも存在するものとみなされます（新民906条の２第２項）ので，これを対象財産に含めて遺産分割を行うことができます。「処分」には，預貯金の払戻し，動産の売却等の法律上の処分のみならず，物理的な毀損，滅失行為も含みます（法制審議会第25回会議議事録10頁以下参照）。

　たとえば共同相続人がAとBの２名，法定相続分が各２分の１で，遺産分割前にある不動産についてBが自分の持分２分の１を第三者に処分した場合には，当該不動産はAと第三者との共有になりますが，Aの同意があれば，家庭裁判所は当該不動産の全部を遺産分割の対象とし，Aが持分２分の１を取得し，Bが持分２分の１を取得する，との審判をすることができます。

　また，共同相続人がAとBの２名，法定相続分が各２分の１で，遺産分割前に預貯金の全てをBが引き出した場合，Aの同意があれば，当該預貯金を全て遺産分割の対象とすることができます。たとえば遺産が当該預貯金のみの場合には，これをBに取得させた上で，Aに対し代償金債務を支払えという審判がなされることになると思われます。

　共同相続人がAとBの２名，法定相続分が各２分の１で，遺産分割前に遺産の骨董品をBが毀損した場合，Aの同意があれば，当該骨董品を遺産分割の対象とし，これをBに取得させることを内容とする審判をすることができることになります。

第 3 章　遺産分割　67

> **ポイント**
> - 現行法では，理論的に，遺産分割時に存在しない財産を遺産分割の対象とすることはできなかったところ，改正法によって，遺産分割時に遺産として存在するものとみなすことができる，とされた。
> - 当該みなし規定の適用のためには相続人全員の同意が必要だが，自ら処分をした相続人については同意が不要とされた。
> - これによって相続開始後に共同相続人の一人が遺産に属する財産を処分した場合に，計算上生ずる不公平が是正される。

第4章

遺言

Q4-1 遺言とは

Q4-2 自筆証書遺言の方式緩和

Q4-3 自筆証書遺言の保管制度

Q4-4 自筆証書遺言と公正証書遺言

Q4-5 遺贈の担保責任

Q4-6 遺言執行の流れ

Q4-7 遺言執行者の権限を明確にする法改正

<table>
<tr><td>**Q4-1**</td><td>遺言とは</td></tr>
</table>

顧問先の社長から遺言書の作成を相談されました。どのような点に留意すべきか教えてください。

A

遺言の性質，遺言書の要件，遺言をする能力（遺言能力），遺贈と相続させる旨の遺言の違いなどを理解しておくことが肝要です。

解 説

1 遺言の性質

遺言（民960条）は，「一定の方式に従ってされる相手方のない一方的かつ単独の意思表示であり，遺言者の死後の法律関係を定める最終意思の表示であって，その者の死亡によって法律効果を発生する」（法律学小辞典）ものです。

遺言によって法律効果が発生する事項は遺言事項といわれます。民法は遺言事項を次のように規定しています。

---

① 身分関係に関する事項（認知（民781条2項）等）
② 相続の法定原則の修正（相続分の指定（民902条），分割方法の指定（民908条）等）
③ 遺産の処分に関する事項（遺贈，相続させる遺言，遺言信託等）
④ 遺言の執行に関する事項（遺言執行者指定等）

---

2 遺言書

遺言書には次の種類があります。実務上は，自筆証書遺言と公正証書遺言が重要です。

第4章 遺 言 71

（　　）は民法条文

普通方式	特別方式
自筆証書遺言（968）	死亡の危機に迫った者の遺言（976）
公正証書遺言（969）	伝染病隔離者の遺言（977）
秘密証書遺言（970）	在船者の遺言（978）
	船舶遭難者の遺言（979）

　遺言書は，法定の要式にしたがってなされなければ効力がありません。その理由は，遺言者の真意を確保し，かつ，後に変造，偽造されることを防ぐためです。

　自筆証書遺言については，遺言者が，その全文，日付および氏名を自書し，押印しなければならないとされています（旧民968条）。なお，本改正によって，目録部分は自書でなくてもよいこととなりました（Q 4 - 2 参照）。

　自筆証書遺言は法律の専門家に相談せずに作成される例も多いため，その要件を満たさず無効となる場合が見受けられます（たとえば「平成30年10月吉日」とすると日付の記載がなく無効となります）。なお，遺言としては無効でも，遺言者と受贈者の死因贈与契約が成立したと認められることがあります（東京地裁昭和56年 8 月 3 日判決・判タ465号128頁等）。

3 ┃ 遺言能力

　遺言は法律効果を発生させるものです。したがって，遺言をするには，遺言の内容を理解し，遺言の効果を弁識しうるに足りる意思能力（遺言能力）が必要となります。遺言能力がない者が作成した遺言は無効です。

　遺言能力は成年後見の対象となる「事理を弁識する能力を欠く常況」（民 7 条）とは異なりますので，成年被後見人でも，事理を弁識する能力を一時回復した場合には，医師 2 名以上の立会いのもと遺言をすることができます（民973条）。

　実際の裁判で，遺言能力の有無が争われる事例は多くあります。遺言者が認知症と診断されていたというだけでは直ちには遺言能力は否定されませんが，たとえば長谷川式簡易知能評価スケール（30点満点）で 1 桁の点数のような場合には遺言能力がないと判断されやすくなります。

　公正証書遺言は，法律の専門家である公証人が遺言能力ありと判断した上で

作成しますので，後日裁判により無効と判断されることはまれですが，全くないわけではありません（実務プラス「遺言能力をめぐる争い」参照）。

4 相続と遺贈との違い

相続とは，被相続人が生前に有していた財産上の権利義務を相続人が包括的に承継することです（民882条）。

遺贈とは，遺言によって自らの財産を無償で他人に与えることです（民964条）。遺言による単独行為であり，贈与契約ではありません。

相続は人の死亡によって相続人に財産を承継させるものであり，遺贈は遺言によって自身以外の者（相続人に限らない。個人，法人を問わない）に財産を与えるものですので，両者は制度的に異なります。民法990条も，包括受遺者は相続人と同一の権利義務を有すると規定しており，相続人と受遺者を理論上区別しています。

相続税法でも，相続税の納税義務者は「相続又は遺贈」により財産を取得した個人（相法1条の3第1号）と規定しており，相続と遺贈が概念上区別されています。

遺贈は処分行為ですから，遺贈された財産は，遺産分割を経ることなく受遺者に帰属します。遺贈された財産は（受遺者が相続人であっても）遺産分割の対象となりません。

一方，相続の場合には，当然分割される現金，金銭債権を除き，原則的には遺産共有状態となり，遺産分割手続が必要となります（Q3-1参照）。ただし，次項のとおり，判例は，「相続させる」旨の遺言について，相続手続の中の遺産分割方法の指定であるとしつつ，遺贈と同様の効力を与えています。

5 「相続させる」旨の遺言

遺言実務上，不動産などを相続人に承継させる場合には「○○に相続させる」，相続人以外（長男の妻など）に承継させる場合には「○○に遺贈する」という文言が用いられます。

「相続させる」旨の遺言の解釈を巡っては長らく争いがあり，これは遺贈と解すべきであるとする見解も有力でしたが，最高裁判決は，「相続させる」旨の遺言の効力について，あくまでも相続であって，遺産分割方法の指定であるとしつつ，遺贈と同じように，遺産分割を経ずに直ちに特定の相続人に単独承

継させる効果を認めました（最高裁平成3年4月19日判決・民集45巻4号477頁）。

> ① 相続させる旨の遺言は，原則として当該遺産を当該相続人をして単独で相続させる遺産分割方法を指定したものである。
> ② このように遺産分割方法を定めた遺言により，他の共同相続人も拘束され，これと異なる遺産分割協議や審判はできない。
> ③ このような遺言により，遺産の一部の分割がなされたのと同様の遺産の承継関係が生じ，被相続人の死亡の時（遺言の効力発生時）に，当該遺産が直ちに相続により承継される。

　相続させる旨の遺言は，あくまでも「相続」なので，相続人以外の者に承継させる場合には，「○○に遺贈する」とすることになります。

　また，相続人に対しても「遺贈」をすることはできますが，遺言実務上は，相続人については「相続させる」とする例が多いです。その理由は，相続させる旨の遺言ならば単独で相続登記が申請できること（遺贈の場合には他の共同相続人と共同申請）等です。なお，登録免許税について，かつては相続による登記の方が相続人に対する遺贈を原因とする登記よりも低税率でしたが，現在では同税率となっています。

6 ┃ 登記の要否

　遺贈によって不動産を取得したことを第三者に対抗するためには登記が必要です（最高裁昭和39年3月6日判決・民集18巻3号437頁）。

　一方，相続の場合には，法定相続分については対抗要件具備は不要とされ（最高裁昭和38年2月22日判決・民集17巻1号235頁），相続させる旨の遺言の場合にも同様にも法定相続分または指定相続分の相続の場合と本質において異ならず，対抗要件具備は不要とされていました（最高裁平成14年6月10日判決・判タ1102号158頁）。

　しかし，これでは取引の安全を害することから，本改正によって，法定相続分を超える権利の承継については対抗要件を備えなければ第三者に対抗できないこととされました（Q6-1）。

> ### ポイント
>
> - 「遺言」は法律的に性質が決まっているので，遺言書作成に関与するには，遺言に関する正確な法律知識が必要である。
> - 相続と遺贈は理論上は概念が異なる。ただし，「相続させる」旨の遺言については，遺贈と同様の効力が認められている。
> - 実務上，特定の相続人に対して特定の財産を承継させる場合には「相続させる」旨の遺言が作成される例が多い。相続人以外に対して与える場合には「相続させる」という文言は不正確であり，「遺贈する」と記載する。

実務プラス

遺言能力をめぐる争い

有効な遺言を作成するには，遺言能力が必要です。遺言能力とは，遺言の内容と効果を理解し，自己の意思で判断ができる能力のことをいいます。

一般に，遺言の作成は，高齢になり，または健康上の不安を生じてから行われることが多く，亡くなる直前に作成されるものも少なくないことから，果たして遺言能力がある状態で作成されたのかどうか，すなわち有効かどうかが死後に問題になることがあります。亡くなる直前に遺言が書き換えられており，元の遺言によれば遺産を受け取るはずであった人から，書き換え後の遺言の無効が主張されるなどが典型例です。

公正証書遺言は，公証人（判事や検事などを長く務めた者の中から，法務大臣が任命します）が，遺言者と直接会話を交わすなどして理解の度合いや本人の意思かどうか等を確認した上で作成します。

遺言の有効無効の最終的な判断は裁判所が行いますので，たとえ公正証書遺言であっても，裁判により無効とされることも全くないわけではありません。遺言の有効無効が裁判で争われるケースでは，診療録や介護記録などが証拠とされるほか，医師の鑑定意見が重要な判断材料とされますが，公正証書遺言の場合は，遺言の作成に立ち会った公証人や証人も証言を求められることになります。また，近時，遺言作成当時の遺言者の音声・動画が証拠とされることも増えています。

平成12年3月13日付法務省民事局長通達は，公証人に対し，「本人の事理を弁識する能力に疑義があるときは，遺言の有効性が訴訟や遺産分割審判で争われた場合の証拠の保全のために，診断書等の提出を求めて証書を原本とともに保存し，又は本人の状況等の要領を録取した書面を証書の原本とともに保存す

るものとする。」としており，高齢の方が公正証書遺言を作成しようとするときには，公証人から診断書の提出を求められることがありますので注意してください。

　事理を弁識する能力を欠く常況にあるとして成年後見人が選任されている方（成年被後見人）であっても，能力を一時回復した時に遺言を作成することは可能です。ただし，医師2名が立ち会い，遺言者が遺言をする時において事理を弁識する能力を欠く状態になかった旨を遺言書に付記して，署名し，印を押さなければなりません（民973条）。認知症等で成年後見人が選任されている方であっても，症状に波がある場合もあり，ご本人の意思で遺言の作成をしたいと希望されることがありますが，後日証言を求められるなど相続争いに巻き込まれる可能性があることから，成年被後見人の遺言作成に立ち会ってくれる医師は実際にはなかなか見つからないようです。

　相続争いを避けるための遺言作成は，健康状態がいよいよ悪化してからではなく，早めに行っておくことが肝要といえます。

Q4-2	自筆証書遺言の方式緩和

自筆証書遺言の方式が緩和されたということですが，具体的にどのように変わったのでしょうか。

A

目録部分については手書きでなくてもよくなりました。また，登記情報や預金通帳のコピー等も目録として利用することができます。

解 説

1 目録部分は手書き不要

(1) 改正の内容

旧民法968条では，自筆証書遺言では，遺言者が，その全文，日付および氏名を自書し，押印しなければならないとされていました。

しかし，高齢者にとって遺言の全文を自書しなければならないとすると労力が大きく，自筆証書遺言の利用が妨げられているという問題意識がありました。

そこで，新民法968条2項では，自筆証書に相続財産の全部または一部の目録を添付する場合には，その目録については，自書することを要しないこととされました。主に，パソコンで作成してプリントアウトした目録を用いることが想定されています。

なお，当該目録には，すべてのページ（両面に自書によらない記載があるなら両面とも）に署名押印することが必要です。目録を付けただけでは足りませんので注意してください。

(2) 本文と目録の契印の要否

遺言書本文と目録の一体性を確保するために契印を必要とするべきかという議論もありましたが，結論として，法律上は契印までは求められません（法制審議会第17回会議議事録1頁以下参照）。ただし，実務上は契印をした方が無難でしょう。

(3) 変更する場合

また，自筆証書の加除その他の変更は，遺言者がその場所を指示し，これを変更した旨を付記して特にこれに署名し，かつ，その変更の場所に押印しなけ

第4章 遺言 77

【図表4-1 法改正後の自筆証書遺言サンプル】

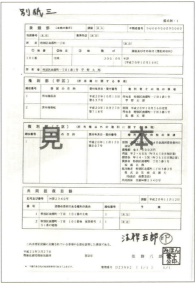

(出典:法務省資料 (http://www.moj.go.jp/content/001244449.pdf))

ればならないとされています（新民968条2項）。上記パソコンで作成した目録を変更する場合もこれと同様の方法によることとされています。

変更する場合の印は当初作成時と同一の印でなければならないかも議論されましたが，結論として同一の印でなくてもよいとされています（法制審議会第17回会議議事録2頁以下参照）。ただし，実務上は，なるべく同じ印を用いるべきでしょうし，仮に違う印を用いる場合には，もともとの作成箇所の印影の横に新たな押捺もしておくべきでしょう。

2 法務省資料で提示されたサンプル

法制審議会の資料では法改正後の自筆証書遺言のサンプルが提示されています。当該サンプルでは，自筆の遺言書の例とともに，別紙として目録部分が添付されています。

【図表4－1】のとおり，預金通帳の写しや登記事項証明書の余白部分に遺言者が署名押印し，これをもって目録とする，という場合も想定されています。

3 施行日

本改正は，平成31年1月13日以降に作成する自筆証書遺言について適用されます（改正法附則6条）。

ポイント
・自筆証書遺言の目録部分はパソコン作成でもよいし，預金通帳の写し等でもよい。ただし，その目録にも署名押印することが必要である。

> **実務プラス**

自筆証書遺言のススメ

　遺言書案のおおよその方向性は決まっているけれども，細部が決まっていないなどとして，完璧な物を作ろうとするがあまり，公正証書遺言の作成を見送る場合があります。しかしながら，その間に，不慮な事態が発生し亡くなってしまった場合，本来被相続人が実現しようとしていた相続は，全く実現しないことになります。

　そこで，そのような場合，公正証書遺言の作成の前段階として，自筆証書遺言を作ることをおすすめします。自筆証書遺言はいつでも気軽に作成できます。また，遺言は，その後の変更，撤回も可能です。現段階で実現しようと思っている相続の内容を自筆証書遺言にし，細部が決まった段階で，公正証書遺言にすればよいのです。

　たとえば，妻と弟・妹が法定相続人であるケースにおいて，弟には相続させたくないという意思は堅いけれども，妻と妹に何を相続させるかが決まらないといったケースの場合，とりあえず，自筆証書遺言で弟には相続させないとだけ記載した自筆証書遺言を作成した上で，その後，妻と妹に何を相続させるか決まった段階で，完全な内容の公正証書遺言を作成すればよいのです。

　暫定措置としての自筆証書遺言の有用性は見直されて良いと思います。

Q4-3	自筆証書遺言の保管制度

自筆証書遺言の保管制度とはどのような制度でしょうか。

A

　遺言者が法務局に自筆証書遺言の保管を申請する制度です。相続開始後は相続人等が遺言の有無を検索することができます。

解　説

1 旧民法の問題点

　旧民法は，自筆証書遺言の保管方法を定めていません。実際には銀行の貸金庫，自宅の金庫，仏壇等に保管している例が多いと思われます。

　そして，相続開始後，保管者が家庭裁判所において検認手続を行うとされています（民1004条）。なお，この検認手続が求められる理由は，偽造等を防止するための証拠保全のためであり，遺言の有効性（真に遺言者の意思で適式に作成されたか）を確定するものではありません。

　保管方法が区々であることからすると，自筆証書遺言については，作成後紛失したり，相続後もその存在が認識されないまま遺産分割がなされるといった事態が生じる可能性があります。

2 保管制度の創設

　そこで，遺言者が法務局に自筆証書遺言の保管を申請する制度が新設されました（「法務局における遺言書の保管等に関する法律」（遺言書保管法）。

(1) 保管等の方法，対象

　保管（および返還，閲覧の請求）は，遺言者が自ら法務局に出頭して行う必要があります（遺言書保管法4条6項，6条4項，8条3項）。したがって，代理人だけでの手続はできません。

　なお，保管の対象は，「法務省令で定める様式に従って作成した無封のもの」とされています（遺言書保管法4条2項）。当該法務省令は未制定ですが，通常の書面のサイズのものなどを指定するようです。施行日（平成32年（2020年）7月10日）以前に作成した遺言書も保管の対象になります。作成した遺言

【図表4－2　保管制度のイメージ】

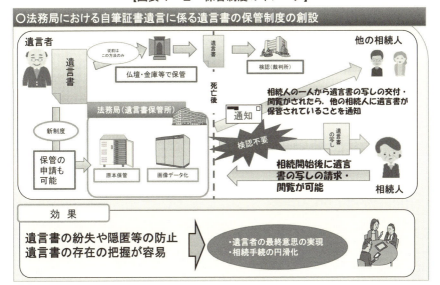

（出典：法務省資料）

書に封印をしていれば，遺言者においてこれを開封して，遺言書を法務局に持参すればよいということになります。

　遺言書を預かる法務局の遺言書保管官は，民法968条の自筆証書遺言の方式への適合性について外形的に確認をします。具体的には，日付および遺言者の氏名の記載，押印の有無，本文部分が手書きで書かれているか否か等を確認することになりますので，たとえば一見して明らかな要式違反があれば，事実上，窓口で指摘するものと考えられます。

　また，遺言者の住所地もしくは本籍地または遺言者の所有する不動産の所在地を管轄する遺言書保管所（法務局）が管轄となります（遺言書保管法4条3項）。

(2)　相続開始後

　遺言者の死後は，遺言者の相続人，受遺者，遺言執行者が法務局に対し，①遺言書を保管している法務局の名称等（保管されていないときは，その旨）を証明する書面の交付の請求，②閲覧の請求，③当該遺言書に係る画像情報等を証明した書面（遺言書情報証明書）の交付を請求することができます（遺言書保管法9条）。また，何人も，自己が相続人，受遺者，遺言執行者等となって

いる遺言書が保管されているか否か，保管されている場合にはその作成年月日，遺言書保管所の名称および保管番号を証明する書面（遺言書保管事実証明書）の交付を請求することができます（同10条１項）。

そして，法務局は，②の閲覧，③の書面を交付したときは，他の相続人等に対して遺言書を保管している旨を通知する必要があります（遺言書保管法９条５項）。現在，自筆証書遺言については，検認手続によって事実上相続人に遺言の内容が告知されることに鑑みて，法務局保管の遺言については上記のような通知制度が設けられました。

なお，公正証書遺言については，平成元年以降に作成されていれば，日本公証人連合会のコンピューター管理によって，どの公証役場でも，公正証書遺言を作成した公証役場名，公証人名，遺言者名，作成年月日等を調べることができます。今回創設される法務局への保管制度は，これを参考にしたものと思われます。ただし，公正証書遺言については，相続人への通知制度はありません。

(3) 検認手続

法務局に保管されている遺言書については検認手続が不要とされています（遺言書保管法11条）。法務局に保管されるという形で証拠保全ができているからです。

(4) 手数料

遺言書の保管申請，閲覧請求，遺言書情報証明書・遺言書保管事実証明書の交付請求を行うには，手数料を納付する必要があります（遺言書保管法12条）。手数料の額は，政令で定められます。

3 施行期日

本改正は，平成32年（2020年）７月10日から施行されます。

ポイント

- 自筆証書遺言は法務局において保管してもらうことができる。
- 施行日（平成32年（2020年）７月10日）以前に作成された遺言書も保管の対象となる。したがって，税理士事務所で預かっている顧客の自筆証書遺言があれば，法務局への保管を勧めることも検討対象となる。なお，遺言者本人が法務局に出頭して保管を求める必要がある。

第4章 遺言 83

> **実務プラス**

遺言書の変更・撤回

1　遺言は何度でも書き直すことができる

　数年前に遺言書を作成したが，事情が変わり，やはりあの財産は長女には相続させたくない。その後お世話になったあの人に財産を遺贈したい。次男が後を継ぐことになったので，店舗兼自宅は，長男ではなく次男に相続させることにしたい。こんなとき，以前に書いた遺言書はもう変えられないのでしょうか。

　民法では，「遺言者は，いつでも，遺言の方式に従って，その遺言の全部又は一部を撤回することができる。」と定められています（1022条）。そして，「前の遺言が後の遺言と抵触するときは，その抵触する部分については，後の遺言で前の遺言を撤回したものとみなす。」とされています（1023条第1項）。

　つまり，一度遺言書を作成しても，いつでもこれを撤回してなかったことにすることができますし，新たに遺言書を作成すれば，新しい遺言書が有効になり，先に作成していた遺言書の内容と矛盾する部分があっても前の遺言は撤回したことになります。遺言書は何度でも書き直すことができます。

2　遺言書の内容と矛盾する行為をすることもできる

　遺言書で，ある財産を，ある相続人に相続させることにしていたとします。ところが，急な病気になり，治療のために多額の費用がかかることになってしまいました。そこで，財産を処分したいのですが，この財産は，既に遺言書で相続させることにしてしまっています。一度遺言書に書いた財産は，もう処分できないのでしょうか。

　遺言書を作成した後であっても，そこに書き入れていた財産を処分することはできます。民法上，その財産に関する遺言書の内容は撤回されたとみなされるからです。遺言書を作成し直す必要もありません。

　もっとも，生前に財産を処分することになった場合には，遺言書を作成し直さないと，相続人らへの財産の配分のバランスを欠くということもあり得ますから，あらためて遺言書を作成し直すことが望ましいといえます。

Q4-4	自筆証書遺言と公正証書遺言

> 私（税理士）の顧問先の社長から，自筆証書遺言も民法改正で作成しやすくなったようだから作成したいといわれました。自筆証書遺言と公正証書遺言のどちらを選択すればよいでしょうか。

A

　それぞれ特徴がありますが，簡易，迅速さを選ぶなら自筆証書遺言，慎重さを選ぶなら公正証書遺言が望ましいと考えます。

解　説

1 自筆証書遺言と公正証書遺言の特徴

　今回の法改正を踏まえて，それぞれの特徴を図にすると次のとおりです。

	自筆証書遺言		公正証書遺言
	旧法	新法	
費用の有無	なし		公証人手数料
作成方法	すべて自書	目録はパソコン等可能	公証人が作成
作成期間	即時		日数がかかる
保管方法	自宅，貸金庫等	法務局保管可能	公証役場
検認手続	要	法務局保管なら不要	不要
探索手段	自己管理	法務局検索可能	公証役場で検索
専門家の関与	なし（弁護士等に依頼）		公証人
遺言能力	検証手段なし（別途，ビデオ撮影等）		公証人

2 公正証書遺言のメリット

　公正証書遺言のメリットは次のようなものです。

① 本人の自書による必要がない。

② 保管，相続後の開示制度がある。

③ 公証人という法律の専門家（公証人は，裁判官，検察官のOBがなっている）の目を通すので，遺言の要件等の漏れがない。

④ 意思能力がないと判断される場合には作成を断られるので，逆に，公正証書遺言である以上，本人の意思で作成されたことについて強い推定が働き，事実上，遺言無効とされることが稀である。

　このうち，①と②の点は，今回の法改正で自筆証書遺言でも一定程度まかなえるようになりました。また，④については，自筆証書遺言が法務局で保管されている場合には，本人が当該遺言書を法務局に持参して保管を申請したということですから，この事実は遺言書作成当時の遺言能力の存在を推認させる間接事実となると思われます。

　一方で，③は，なお公正証書遺言のメリットといえます。

　弁護士が公正証書遺言の作成に関与する場合には，公証役場に原案をメールなどで提出し，公証人と協議して文案を詰めてから作成するという流れが一般です（実務プラス「はじめての公正証書遺言」参照）。この際に，公証人から有益な視点が提供される場合もあり，弁護士としてはリスクヘッジにもなります。

　また，相続開始後に，遺言によって不利益を受ける相続人が，被相続人は遺言作成当時，認知症で遺言能力がなく遺言は無効であると主張するような場合もあり得ると思います。このような場合に，公正証書遺言を作成していれば，作成を担当した公証人が，遺言者に遺言能力があることを確認した旨の陳述書を提出してくれる可能性があります。

　そうすると，特段の支障がない限り，公正証書遺言を作成する方が望ましいといえると思います。

3 ┃ 自筆証書遺言（附帯決議）

　なお，平成30年7月の本改正においては，次の附帯決議がなされています。

法務局における自筆証書遺言に係る遺言書の保管制度の実効性を確保するため，遺言者の死亡届が提出された後，遺言書の存在が相続人，受遺者等に通知される仕組みを可及的速やかに構築すること。

　すなわち，遺言者が亡くなったら，自筆証書遺言があることを相続人等に通知するというものです。公証役場は，遺言者が死亡したかはわかりませんので，この点の仕組みが設けられれば，自筆証書遺言の一つの利点といえます。

ポイント
- 専門家としてはやはり公正証書遺言を勧めたい。
- 公正証書遺言を作成する時間がない場合にはいったん自筆証書遺言を作成しておくという方法も検討すべきである。

> **実務プラス**

はじめての公正証書遺言

公正証書遺言を作る場合の一般的な段取りについてご説明します。

1　公証役場を決める

通常は，公証役場で作成するので，まず，どこの公証役場で作成するかを決めます。住所地にかかわらず，どこの公証役場でも作ることができます。なお，体の不自由な方が遺言を作成したい場合には自宅や病院に公証人が出張してくれることもあります（その場合，日当が発生します）。

公証役場の所在場所や連絡先はインターネットで簡単に検索できます。ホームページには電話番号だけではなくメールアドレスも掲載されていることが多いです。

2　公証役場に連絡する

公証役場に連絡して，公証人と作成日程等をすりあわせます。

3　文案を作成する

遺言書案は本人または代理人が作成することを求められます。公証人とはメールやファックスでやりとりできる例が多いです。

参考資料として，遺言者，推定相続人の戸籍，印鑑登録証明書，不動産の全部事項証明書，固定資産評価証明書（または納税通知書）を提出します。

4　公正証書を作成する

所定の日時に公証役場を訪問し，公正証書を作成します。公証人は，本人確認をした上，本人にどのような遺言書を作成するかの意思確認を行います（本人に遺言能力があるかを確認するため）。その際，推定相続人等は別室に通され，遺言作成には関わらない扱いとされます。

立会人も二名必要です。弁護士，税理士，その事務員が立会人となる例が多いでしょう。

なお，公証人に支払う手数料は，遺言の対象となる財産の価額に応じて異なりますが（公証人手数料令9条），概ね数万円程度です。

| Q4-5 | 遺贈の担保責任 |

遺贈の担保責任について規定が設けられたとのことですが，実務に影響はあるのでしょうか。

A

　債権法の改正に伴い，改正が行われましたが，実務にはほぼ影響はないものと思われます。

解 説

1 改正法の要旨

　改正法では，債権法の改正に伴い，遺贈の担保責任の規定が改正されました。

　債権法改正により，売買等の担保責任についていわゆる法定責任説が否定され，買主等は，目的物が特定物であるか不特定物であるか問わず，その種類および品質等に関して契約内容に適合する物を引き渡す義務を負い，引き渡した物が契約内容に適合しない場合には，売主等に対し，追完請求等をすることができるとされました。また，無償行為である贈与についても，贈与者は，契約内容に適合する物を引き渡す義務を負うことを前提としつつ，その無償性に鑑み，その契約において，贈与の目的として特定した時の状態で引き渡し，または移転することを約したものと推定されること，とされました。そこで，旧債権法に基づく不特定物についての遺贈義務者の追完義務に関する規定（旧民998条）および第三者の権利の目的である財産の遺贈の規定（旧民1000条）を削除し，改正債権法の趣旨に従い，以下のような規定を設けました。

2 改正法998条

　遺贈義務者は，遺言者が異なる意思表示をしている場合を除いて，遺贈の目的である物または権利を相続開始の時（その後に当該または権利について遺贈の目的として特定した場合にあっては，その特定した時）の状態で引き渡し，または移転する義務を負うとされました（新民998条）。

　相続を開始した時の財産を遺贈の対象とすることが遺言者の通常の意思であると考えられるからです。もっとも，遺言者がこれと異なる意思を表示してい

た場合にはこの限りではありません。

> **ポイント**
> • 遺贈の担保責任が問題となる例は稀であるため，改正の影響はほぼない。

| Q4-6 | 遺言執行の流れ |

> 私（税理士）の顧問先の社長がなくなり，私が遺言執行者に選任されました。遺言執行者はどのように職務を行えばよいのでしょうか。

A

①遺言書の確認，②遺言書の有効性の検討，③遺言執行者の就職の承諾・拒絶と通知，④相続人の調査，相続人その他利害関係人への通知，⑤相続財産の調査・管理，相続財産目録の作成・交付，⑥遺言事項の執行等を行います。

解 説 ……………………………………………………………………………

1 遺言執行者とは

遺言執行とは被相続人の死後に遺言内容を実現する手続をいい，遺言執行者とは，そのために，①遺言者により遺言で指定された者，もしくは，②家庭裁判所に選任された者をいい，遺言の内容を実現するため，相続財産の管理その他遺言の執行に必要な一切の行為をする権利義務（新民1012条1項）を有します。

税理士が遺言執行者になる場合は，①遺言書に遺言執行者として指定されているケースが大半と思われます。

後述するとおり，遺言執行者としての就職を承諾した場合に，遺言執行者としての任務が開始します。

2 遺言執行者の中立性

遺言執行者は，すべての相続人に対して中立公正に職務を遂行することが求められます（実務プラス「遺言執行と利益相反」参照）。

したがって，特定の相続人が顧問先であること等により遺言執行者に就任したとしても，当該特定の相続人のみの便宜を図ることは問題ですので，留意が必要です。

【図表4-3 遺言執行前後の一般的な流れ】

　税理士としては，顧問先の社長や資産家から遺言文案作成と遺言執行者就任への要望を受けることがままあると思われます。このとき，推定相続人と特段の関係がないならば，遺言書において遺言執行者に指定されることに特に問題はありません。

　遺言者の推定相続人が会社の後継者であり，今後は当該推定相続人の顧問業務を行うという想定をしている場合もあると思います。このとき，当該推定相続人と他の相続人（兄弟等）と折り合いがよくなければ，遺言の有効性や遺言執行について相続人間で紛争が生じる可能性があります。そのような場合には，中立性を求められる遺言執行者には他の専門家を充てるようにした方が無難でしょう。

3 遺言書の確認と検認

　自分が遺言執行者として指定されている場合，まず，遺言書を確認します。
　これが法務局における保管制度（Q4-3参照）を利用していない自筆証書遺言であれば，家庭裁判所での検認手続を経ることが必要となります（民1004条）。公正証書遺言や保管制度が利用されている場合には，検認手続は不要です。
　また，遺言書が複数作成されている可能性もあり，その場合，新しい遺言が有効となりますので，他に遺言がないか，相続人に確認したり，公証役場，法務局への確認を行う必要があるでしょう。

4 | 遺言書の内容の検討

遺言書の形式的要件を確認します。自筆証書遺言である場合には，全文，日付，氏名の自書，押印が必要となりますので，これを確認します（Q4-2参照）。

また，遺言書に書かれている事項が遺言によって実現が可能な内容なのか（法定遺言事項に限り法的効力を生じることになります），また，遺言が複数あったり，加除訂正があったりする場合には，遺言のどの事項がどのような内容で有効となるのか確認をします。

5 | 遺言執行者の就職の承諾・拒絶

遺言執行者は，就職を承諾することによって，その任に就きます（民1007条）。就職を承諾するか拒絶するかは自由ですが，いったん行った承諾・拒絶の撤回は認められません。承諾すると遺言執行者として善管注意義務を負いますし（民1012条3項，644条），辞任をするにあたっては，正当な事由をもって裁判所の許可を得る必要があります（民1019条2項）。したがって，前述の遺言書の確認，検討を経た上で，就職の判断を行った方が望ましく，遺言書の有効性が問題となりそうな事案等については，就職の判断は慎重に行う必要があるといえます。遺言執行者に就職しない場合には，相続人に対し，就職を拒絶する旨の通知をするべきです（民1008条参照）。

6 | 相続人調査と相続人への通知

遺言執行者に就職した場合には，直ちに任務を開始しなければならず（民1007条1項），任務を開始したときは，遅滞なく，相続人に対し，遺言の内容を通知しなければなりません（民1007条2項）。したがって，通知にあたり，誰が相続人か調査を行う必要があります。被相続人の出生から死亡までの戸籍を収集して相続人を特定します。

なお，実務上は，相続人に対して，前述の遺言執行者の就任の通知をするとともに，遺言書の写しを添付して遺言の内容の通知を行う例が多いです。

7 | 相続財産調査・管理，財産目録の作成・交付

そして，任務を開始したら，速やかに，相続財産を調査し，相続財産を自己の管理下に移して適切な保管を行い（民1012条），財産目録を作成し相続人に

これを交付します（民1011条）。

税理士が遺言執行者となる場合には，当該被相続人に係る相続税の申告も依頼されている場合が多いでしょうから，申告書の準備をかねて財産目録を作成すれば足ります。なお，ここでいう財産目録には不動産の評価額等を記載する必要はありません。

8 ┃ 遺言事項の執行

法定遺言事項のうち，執行が必要なものについて執行を行います。

遺贈や遺産分割方法の指定（相続させる旨の遺言（Q4-1））による法的効果は遺言者の死亡により生じますが，遺言執行として，登記，登録，占有移転，権利変動の通知等の対抗要件具備や，保管・管理，引渡し等が必要となります（1012条2項）。この点の遺言執行者の権限が，今回の法改正で整理されました（Q4-7）。

なお，遺言の執行を妨害する者がいた場合には，「遺言の内容を実現するため，相続財産の管理その他遺言の執行に必要な一切の行為をする権利義務」（新民1012条1項）の一環として，妨害行為の排除を行うことができます。

9 ┃ 遺言執行の完了と相続人および受遺者に対する通知

遺言の内容が全て実現し，遺言執行が完了したときに，相続人および受遺者に対し任務完了の通知を行い（民1020条，655条），保管・管理物の引き渡しを行い（民1012条3項，646条），その執行の顛末の報告を相続および受遺者に行います（民1012条3項，645条）。執行者の地位は失われることになります。

10 ┃ 遺言執行費用と報酬

遺言執行費用は相続財産の負担とされますので（民1021条），一般に，相続人と協議の上，相続財産から支弁するか，相続人や受遺者から費用を預かりのちに精算する方法がとられます。なお，遺言執行者が費用を立て替えた場合には，費用償還請求（民1012条3項，650条）を行います。

報酬については，遺言で定められている場合にはそれに従います。遺言に定めがなければ，相続人と合意して支払ってもらうこともできますし，家庭裁判所に審判で決めてもらうこともできます（民1018条）。

> ポイント
> ・遺言執行者の業務は多岐にわたるので，就任前になすべきことを整理するべきである。

実務プラス

遺言執行と利益相反

弁護士業務においては，遺言執行者に就任する場合，特定の相続人の代理人となることはできないと解されています。

弁護士会によるいくつかの懲戒事例等がありますが，たとえば，下の事案では，甲弁護士が，平成8年，Aから公正証書遺言（遺産の全部を養子Bに相続させる旨の遺言）の作成について依頼を受け，遺言執行者に指定されました。Aの相続後，他の相続人CがBに対して遺留分減殺請求権を行使して調停を申し立て，甲弁護士はBの代理人となりました。

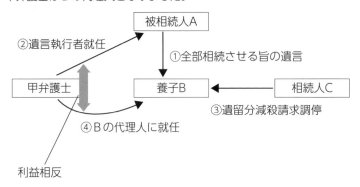

甲弁護士は日弁連によって懲戒（戒告）され，処分の取消しをもとめて訴訟提起しましたが，次のとおり，戒告処分は相当とされました（東京高裁平成15年4月24日判決・判時1932号80頁）。

「遺言執行者は，相続財産の管理その他遺言の執行に必要な一切の権利義務を有し（民法1012条），遺言執行者がある場合には，相続人は，相続財産の処分その他遺言の執行を妨げるべき行為をすることができない（同1013条）。すなわち，遺言執行者がある場合には，相続財産の管理処分権は遺言執行者にゆだねられ，遺言執行者は善良なる管理者の注意をもって，その事務を処理しなければならない。したがって，遺言執行者の上記のような地位・権限からすれば，

第4章　遺　言　95

遺言執行者は，特定の相続人ないし受遺者の立場に偏することなく，中立的立場でその任務を遂行することが期待されているのであり，遺言執行者が弁護士である場合に，当該相続財産を巡る相続人間の紛争について，特定の相続人の代理人となって訴訟活動をするようなことは，その任務の遂行の中立公正を疑わせるものであるから，厳に慎まなければならない。弁護士倫理26条2号は，弁護士が職務を行い得ない事件として，「受任している事件と利害相反する事件」を掲げているが，弁護士である遺言執行者が，当該相続財産を巡る相続人間の紛争につき特定の相続人の代理人となることは，中立的立場であるべき遺言執行者の任務と相反するものであるから，受任している事件（遺言執行事務）と利害相反する事件を受任したものとして，上記規定に違反するといわなければならない。」

　税理士として，知り合いの弁護士に遺言執行者を頼みたい場合には，その遺言で将来紛争が生じた場合に，その遺言執行者となった弁護士は特定の相続人の代理人をすることはできませんので，ご留意いただくとよいと思われます。

Q4-7 遺言執行者の権限を明確にする法改正

遺言執行者の権限を明確にする法改正がなされたとのことですが，どのような内容でしょうか。

A

　従来は明文規定がなかった遺言執行者の権限の内容が明確化され，改正法は，①遺言執行者の一般的な権限および②特定遺贈または特定財産承継遺言がされた場合の遺言執行者の権限を条項上明確にし，③遺言執行者の復任権について改正しました。なお，遺言執行者がいる場合の相続財産の処分の効果については，Q6-3で記載しています。

解 説

1 遺言執行者の法的な位置づけや一般的な権限について

(1) 改正の趣旨

　改正前の民法では，遺言執行者の地位について，「遺言執行者は，相続人の代理人とみなす。」（旧民1015条），遺言執行者の権限について，「遺言執行者は，相続財産の管理その他遺言の執行に必要な一切の行為をする権利義務を有する。」（旧民1012条1項）とのみ規定し，遺言執行者の法的地位が必ずしも明確になっていませんでした。

　そのため，遺言執行者は常に相続人の利益のために職務を執行すべきとの誤った認識を抱かせ，たとえば，遺留分減殺請求がされた場合のように，遺言者の意思と相続人との利益が対立するような場面で，遺言者と相続人との間でトラブルが生じることがあるとの指摘がなされていました。

(2) 新民法1015条

　そこで，改正法では，1015条で，「遺言執行者がその権限内において遺言執行者であることを示してした行為は，相続人に対して直接に効力を生ずる。」と規定し，旧法において遺言者が相続人の代理人とされていた実質的理由が，遺言者が既に死亡しているため，遺言執行者の行為の効果が相続人に帰属することを示したものにすぎないことを明らかにしました。

第4章 遺 言 97

(3) 新民法1012条 1 項

　また，改正法は，1012条 1 項で，「遺言執行者は，<u>遺言の内容を実現するために</u>（追加），相続財産の管理その他遺言の執行に必要な一切の行為をする権利義務を有する」と規定し，遺言執行者は，遺言の内容を実現することを職務とするもので，遺留分減殺請求権のような遺言者の意思と相続人の利益が対立する場合でも，必ずしも相続人の利益のために職務を行うものではないことを明確にしました。

(4) 新民法1017条

　従来から実務上実施されていたことではありますが，改正法は，1017条で，遺言執行者は，その任務を開始したときは，遅滞なく，遺言の内容を相続人に通知しなければならないとして，遺言執行者の通知義務を明確にしました。

2 個別の類型における権限の内容について

(1) 新設の趣旨

　前述のとおり，遺言執行者は，遺言の内容を実現するために，遺言の執行に必要な一切の行為をする権限を有しますが（新民1012条 1 項），遺言の記載内容だけからでは，遺言者がどこまでの権限を付与する趣旨であったのか，その意思が必ずしも明確ではないことが多く，トラブルになりやすく，また，とりわけ，第三者の取引の安全を図る観点から，遺言執行者の権限の内容を具体的にする必要性が高いとの指摘がなされていました。

　そこで，改正法では，特定遺贈がなされた場合と，特定財産承継遺言（遺産分割の方法の指定として遺産に属する特定の財産を共同相続人の一人または数人に承継させること。いわゆる「相続させる旨の遺言」（Q4-1参照）。以下同じ）の場合に分け，規定を新設しました。

(2) 特定遺贈がなされた場合

　新民法1012条 2 項で，「遺言執行者がある場合には，遺贈の履行は，遺言執行者のみが行うことができる。」との規定が新設されました。遺贈の履行の義務を負うのは，本来，相続人ですが，遺言執行者がある場合には，遺言執行者のみがこれを行うこととなります。受遺者は，遺言執行者を相手方として履行請求をしなければなりません。なお，この場合の遺言執行者の権限の内容は，相続人が負う履行義務の内容によって定まるものと考えられます。たとえば，遺贈の目的物が特定物または債権の場合は，遺言執行者は，受遺者が対抗要件

を備えるために必要な行為をする権限を有します。

(3) 特定財産承継遺言がなされた場合

遺言者が相続させる旨の遺言をした場合の遺言執行者の権限内容にはかねてより学説上も争いがありました。本改正で，相続させる旨の遺言を特定財産承継遺言と定義し，遺言執行者の権限内容についても，明確化されることになりました。

① まず，遺産分割の方法の指定による権利変動についても受益相続人の法定相続分を超える部分については対抗問題として処理され（新民899条の2第1項），権利の実現において対抗要件がより重要な意味を持つことになったこと（Q6-1参照）に鑑み，遺言執行者は，登記，登録その他の対抗要件を備えるために必要な行為ができるとされました（新民1014条2項）。

② また，特定財産承継遺言の目的となる財産が預貯金債権であるときは，遺言執行者は，①に規定する行為のほか，当該預貯金の払戻しの請求および当該預貯金に係る解約の申入れをする権限を有することが確認されました。ただし，その解約の申入れは，その預貯金債権の全部が特定財産承継遺言の目的であった場合に限るとされます（新民1014条3項）。

③ なお，①②にかかわらず，遺言者が遺言で別段の意思を表示していたときは，その意思に従うとされています（新民1014条4項）。

3 遺言執行者の復任権

(1) 改正の趣旨

従来，遺言執行者は，①遺言で許されている場合か，②やむを得ない事由がない限り，第三者にその任務を行わせることができない（旧民1016条1項）とされていました。

しかしながら，一般に，遺言において遺言執行者の指定がなされる場合には，相続人など十分な法律知識を有していない者が指定されている場合も多く，遺言執行者の職務が広範に及ぶ場合や難しい法律問題を含む場合には，その遺言執行者において弁護士や税理士等の専門家に一任する方がふさわしいこともあります。従前より，遺言作成実務上，遺言執行者に復任権を付与することが慣例化していました。

(2) 改正法1016条

そこで，改正法では，遺言執行者は，遺言者がその遺言に反対の意思を表示

していないこと，自分でその結果について責任を負うことを条件に，第三者にその任務を自由に行わせることができると規定しました（新民1016条1項）。

なお，やむを得ない事由にて第三者に任務を行わせることになった場合には，遺言執行者は相続人に対し選任および監督についてのみ責任を負うことになります（新民1016条2項）。

> ポイント
> ・法改正によって遺言執行者の権限が明確になったので，遺言執行業務を行う際には改正法を踏まえる必要がある。

第5章

遺留分

Q5-1 遺留分制度の概要

Q5-2 遺留分減殺請求権の効力と法的性質の見直し

Q5-3 裁判所による相当の期限の許与

Q5-4 遺留分侵害額の算定

Q5-5 持戻しの対象となる遺贈や贈与の範囲

Q5-6 遺贈や贈与が複数ある場合

Q5-7 負担付贈与・不相当な対価による有償行為

Q5-8 受遺者等が相続債務を弁済した場合

Q5-9 遺留分侵害額請求と税務申告

| Q5-1 | 遺留分制度の概要 |

> 遺留分に関する改正もされたと聞きました。そもそも，遺留分とはどのような制度なのでしょうか。

A

　遺留分制度とは，遺留分を有する一定の相続人に対し，被相続人が有していた相続財産の一定割合を「遺留分」として保障する制度です。

　遺留分を有する相続人は，被相続人から相続によって受ける相続利益が，被相続人の遺贈または贈与の結果，その相続人の遺留分に満たない場合に，遺留分が侵害されたとして，その相続人が，受遺者または受贈者等に対して権利を行使し，侵害された遺留分を回復することができます。

解 説

1 遺留分制度の定義・趣旨

(1) 遺留分制度の定義

　遺留分制度とは，被相続人が有していた相続財産について，その一定割合を「遺留分」として，遺留分を有する一定の相続人に保障する制度です。

　「遺留分」とは，被相続人の財産の中で，法律上その取得が遺留分権利者に留保されていて，被相続人による自由処分に制限が加えられている持分的利益をいいます。この「遺留分」に対して，遺留分に服さずに被相続人による自由処分に委ねられている部分を「自由分」といいます。

(2) 遺留分制度の趣旨

　本来，被相続人は自己の財産を自由に処分することができるはずです。他方で，相続制度は，遺族の生活保障や遺産の形成に貢献した遺族の潜在的持分の清算の機能を有しており，被相続人の財産処分の自由と相続人の利益との調整を図るため，遺留分制度が設けられているといわれています。

2 遺留分権利者と遺留分の割合

(1) 遺留分権利者

　遺留分を有する遺留分権利者は，兄弟姉妹以外の相続人です（新民1042条1

項柱書（旧民1028条柱書））。兄弟姉妹には遺留分は認められていません。

⑵　遺留分の割合

遺留分には，遺留分権利者全員の遺留分の総体である「総体的遺留分」と，遺留分権利者が複数いる場合における各遺留分権利者の遺留分である「個別的遺留分」とがあります。

総体的遺留分の割合は，直系尊属のみが相続人である場合には３分の１，それ以外の場合には２分の１です（新民1042条１項各号）。

そして，個別的遺留分の割合は，上記総体的遺留分の割合に，その遺留分権利者の法定相続分を乗じた割合です（同条２項）。

各ケースごとに，法定相続分の割合を図で示すと【図表５−１】のとおりとなり，総体的遺留分と個別的遺留分の割合を図で示すと【図表５−２】のとおりとなります。

【図表５−１　法定相続分一覧】

相続人		法定相続分			
配偶者の有無	配偶者以外の相続人の有無	配偶者	子	直系尊属	兄弟姉妹
いる	いない	1	−	−	−
	子	1／2	1／2	−	−
	直系尊属	2／3	−	1／3	−
	兄弟姉妹	3／4	−	−	1／4
いない	子	−	1	−	−
	直系尊属	−	−	1	−
	兄弟姉妹	−	−	−	1

※　相続人となる子，直系尊属，兄弟姉妹が複数いる場合，その各自の相続分の割合は，上掲図表の法定相続分の割合をその人数で均等割りした割合となります。ただし，父母の一方のみを同じくする兄弟姉妹の相続分は，父母の双方を同じくする兄弟姉妹の相続分の１／２となります（民900条4号）。

【図表5-2　総体的遺留分・個別的遺留分一覧】

相続人	総体的遺留分	個別的遺留分		
		配偶者	子	直系尊属
①配偶者のみ	1／2	1／2	－	－
②子のみ	1／2	－	1／2	－
③子と配偶者	1／2	1／4	1／4	－
④配偶者と親	1／2	1／3	－	1／6
⑤配偶者と兄弟姉妹	1／2	1／2	－	－
⑥直系尊属	1／3	－	－	1／3

※　相続人となる子，直系尊属が複数いる場合，その各自の個別的遺留分の割合は，上掲図表の個別的遺留分の割合をその人数で均等割りした割合となります。

　たとえば，被相続人に配偶者と子2人がいる場合，遺留分権利者全員の総体的遺留分は2分の1となり，各遺留分の個別的遺留分の割合はそれぞれ以下のとおりとなります。

（配偶者の個別的遺留分）
　　総体的遺留分1／2×配偶者の法定相続分1／2＝1／4

（子1人当たりの個別的遺留分）
　　総体的遺留分1／2×子1名の法定相続分1／4＝1／8

　なお，遺留分額の具体的な算定方法は，Q5-4（遺留分侵害額の算定）で解説します。

3 遺留分の侵害

　被相続人が自由分を超えて遺贈または贈与をしたことにより，遺留分権利者が受ける相続利益が法定の遺留分額に満たない状態を，遺留分の侵害といいます。

　もっとも，遺留分を侵害する行為は当然に無効となるのではなく，遺留分を侵害された者が，受遺者または受贈者等に対して権利行使をすることにより，侵害された遺留分を回復する，という建付けとなっています。遺留分権利者が

第5章　遺留分　105

遺留分を主張するか否かは，その遺留分権利者の意思に委ねられているのです。

　なお，遺留分の侵害があった場合，遺留分権利者が侵害された遺留分を回復するための権利は，旧民法では「遺留分減殺請求権」と呼ばれていましたが，新民法では「遺留分侵害額請求権」と呼ばれることになり，その権利の効力と法的性質が見直されることとなりました。見直しの内容については，Q5-2で解説します。また，遺留分侵害額の算定方法についてはQ5-4で解説します。

4 遺留分権の行使時期

　遺留分権利者は，相続開始前には，具体的な請求権を有していないため，遺留分の保全行為もできません。

　そして，遺留分権は，相続の開始および遺留分を侵害する贈与または遺贈があったことを知った日から1年間行使しないときは時効によって消滅します（新民1048条（旧民1042条））。また，相続開始の時から10年を経過したときにも，除斥期間によって消滅します。

5 相続開始前の遺留分の放棄

　遺留分権利者は，相続開始前に，家庭裁判所の許可を条件に遺留分を放棄することができます（新民1049条（旧民1043条1項））（実務プラス「生前でもできる遺留分の放棄」参照）。

　なお，相続開始後の遺留分の放棄は，家庭裁判所の許可なく，自由に行うことができます。

ポイント

・税理士業務においても，たとえば事業承継スキームを構築する場合等には遺留分の考慮が必要となるので，正確に制度内容を理解しておくべき。

> **実務プラス**

生前でもできる遺留分の放棄

　たとえば，自分の財産を長男に全て相続させたいという場合に，「次男に私の存命中に相続放棄をしてもらうことはできるか」というご相談を受けることがあります。結論からいいますと，被相続人となる方の生前に相続放棄をすることはできません。

　しかし，遺留分については，生前であっても，家庭裁判所の許可を得て放棄をすることができます。この場合には，長男にすべて相続させる旨の遺言を残し，次男には遺留分を事前放棄させることにより，長男の全財産の相続を確実にすることができます。

　家庭裁判所の許可が必要とされているのは，存命中の被相続人からの強い要望や，他の相続人・親族等からの圧力によって不本意ながら遺留分放棄をするという事態を避けるためです。

　家庭裁判所は，①遺留分放棄が本人の自由意思に基づくものであること，②遺留分放棄の理由に合理性と必要性があること，③代償性（遺留分放棄の代償として相当額の金品等の交付・贈与等があったこと）が認められる場合に許可をします。

　遺留分を放棄する時点では，被相続人の相続財産が確定していないので，自分が実際にいくらの遺留分を有することになるのかがわからないわけですが，審判例によると，代償性は，許可の時点で被相続人が有する債権債務を前提に判断しているようです。

　許可の申立ては，遺留分を放棄する本人しかできません。

　万が一，許可された遺留分放棄を撤回したい場合は，許可の審判の取消しの申立てもできます。ただし，単に気が変わったとか，思っていたより相続財産が多かったというだけでは認められません。

　遺留分を放棄しても，相続人としての地位は失いませんので，遺産分割協議により相続財産を受け取ることはできますし，債務も承継します。

　以上を前提に，相続発生後にトラブルが生じる可能性を前もって減らしておく方策の一つとして，遺留分放棄も検討してみてください。

　なお，後継者に自社株式を集中して承継させるため他の相続人から遺留分侵害の主張をされる懸念を払拭しておきたい，という事業承継の方策としても，遺留分の事前放棄は利用可能ですが，放棄をする相続人が自ら家庭裁判所に申立てをしなければならない上，許可不許可の判断基準が不明確で，利用しづらいとの問題点が指摘されていました。

　そのため，経営承継円滑化法に遺留分に関する民法の特例が規定され，平成

21年3月1日に施行されました。この特例を活用すると，中小企業の経営者から後継者に贈与等された自社株式について，推定相続人全員で，経営者を被相続人とする相続において遺留分算定の基礎となる財産から除外する（除外合意），または遺留分算定の基礎となる財産に算入する価額を合意時の時価に固定する（固定合意）という合意をすることができます。後継者は，合意をした日から1か月以内に，経済産業大臣に対して合意についての確認の申請を行い，確認を受けた日から1か月以内に，家庭裁判所に許可の申立てをする必要があります。家庭裁判所が許可の審判をし，これが確定すると，合意の効力が生じます。これらの合意により，後継者が他の相続人から遺留分の主張を受けることを回避することができ，事業承継がスムーズに行えます。

Q5-2 遺留分減殺請求権の効力と法的性質の見直し

> 今回の改正で，遺留分減殺請求権の効力と法的性質について
> 見直しがされたということですが，どのような見直しがされ
> たのでしょうか。

A

　従来，「遺留分減殺請求権」は，遺留分権利者の権利行使により，遺贈
または贈与の目的物について当然に物権的効果が生じることとされていま
したが，新民法はこの規律を改め，「遺留分侵害額請求権」として，遺留
分権利者の権利行使により，受遺者または受贈者等に対して遺留分侵害額
に相当する金銭の支払を請求することができる金銭債権を発生させる権利
となりました。

　今回の抜本的な改正に伴い，旧民法の遺留分に関する条項（旧民法1028
条から1041条まで）はすべて削除され，あらたに，新民法1042条以下で遺
留分に関する条項が規定されています。

解 説

1 旧民法における遺留分減殺請求権の効果

　旧民法では，遺留分減殺請求権の効果について，減殺の対象となる遺贈また
は贈与の目的財産が特定物である場合には，減殺請求によって，遺贈または贈
与は遺留分を侵害する限度において失効し，受遺者または受贈者が取得した権
利は，その限度で当然に減殺請求をした遺留分権利者に帰属する（最判昭和51
年8月30日・民集30巻7号768頁）こととされていました。

　このように，遺留分減殺請求権は，権利行使によって，裁判所の判決や当事
者の協議といったものを待つまでもなく，減殺の対象となる贈与または遺贈が
遺留分を侵害する限度でただちに失効してその所有権や共有持分権が遺留分権
利者に帰属するという意味で物権的効果が生じるものとされていました。

2 見直しの必要性

　遺留分減殺請求権の権利行使により物権的効果が生じる結果，減殺の対象と

なる遺贈の目的財産が複数ある場合には，遺留分減殺請求権の行使の結果，通常はそれぞれの財産について受遺者または受贈者と遺留分権利者との共有関係が生ずることになります（旧民1034条）。たとえば，遺贈によって自宅を取得した配偶者や事業用の財産を取得した当該事業の承継者は，他の相続人から遺留分減殺請求権を行使されると，その者とともにこれらの財産を共有することとなり，この共有関係を解消するためには，別途，共有物の分割の手続（民256条，258条）等を経なければならず，このことについて，相続に関する紛争を一回的に解決することが困難であるとの指摘がなされていました。

　また，たとえば，被相続人が特定の相続人に家業を継がせるため，株式や店舗等の事業用の財産をその者に相続させる旨の遺言をしても，遺留分減殺請求権の行使により株式や事業用の財産が他の相続人との共有となる結果，円滑な事業承継の障害となる場合があるとの指摘もなされていました。この点，減殺請求を受けた受遺者または受贈者には，減殺を受けるべき限度において贈与または遺贈の目的財産の価額を弁償して返還を免れるという価額弁償権（旧民1041条）がありましたが，受遺者または受贈者が返還を免れるためには，現実の価額弁償ないし弁済の提供を要するものとされていました（最判昭和54年7月10日・民集33巻5号562頁）。そのため，特に，贈与または遺贈の目的財産が未公開株式や事業用の財産の評価に争いがあるような場合には，訴訟が終了するまでに一定の時間がかかり，この間，共有関係が解消されなくなるため，会社の意思決定に支障が生じたり，事業用不動産を担保にした資金調達に支障が生じたりするおそれがありました。

3 ｜ 遺留分侵害額請求権

　そこで，このような弊害を解消するため，新民法では，遺留分減殺請求権について規定していた旧民法1031条を削除して，1046条を新設することとし，「遺留分侵害額請求権」として，遺留分権利者が権利を行使することにより，受遺者または受贈者に対して遺留分侵害額に相当する金銭の支払を請求することができるという金銭債権を取得すると規律することになりました。

> （遺留分侵害額の請求）
> 新民法1046条
> 遺留分権利者及びその承継人は，受遺者（特定財産承継遺言により財産を承継し又は相続分の指定を受けた相続人を含む。以下この章において同じ。）又は受贈者に対し，遺留分侵害額に相当する金銭の支払を請求することができる。
> （略）

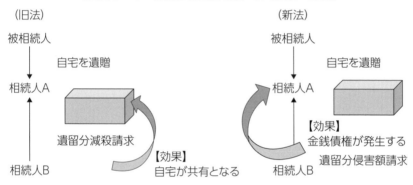

【図表5－3　遺留分減殺請求権の法的性質の変更】

　これにより，従前の遺留分減殺請求権と異なり，受遺者または受贈者と遺留分権利者との共有関係が生ずることはなくなりました。したがって，受遺者，受贈者としては，遺留分権利者が権利行使をしたならば，必ず，金銭を支払わなければなりません。遺留分権利者が同意しない限り，物を共有させておけばよい，ということにはならないので，かなりドラスティックな改正といえます（改正経緯を見ても，中間試案，追加試案ではこのような内容とはされておらず，最終的な要綱案の段階で急遽方向転換されました。このような改正がよかったのかどうかについては賛否の分かれるところだと考えます）。

　なお，かかる権利の性質の変更に伴って課税関係の変更も考慮しなければなりません（実務プラス「遺留分減殺請求の法的性質の変化と税務の取扱い」参照）。

4 ┃ 遺留分侵害額算定の基準時

　相続開始から価額弁償権の発生までに目的物の価額が変動する場合があります。この場合の価額弁償の額は，次のように，旧法下では変動しましたが，新

法では相続開始時の目的物の価額に固定されるものと解されます。

【図表5-4　価額弁償の基準時の変更】

(1) 旧民法で価額弁償権を行使した場合における目的財産の価額算定基準時

　旧民法においては、遺留分減殺請求を受けた受遺者または受贈者は、原則として減殺の対象となる目的物の返還義務を負うことになりますが、同受遺者または受贈者には、減殺を受けるべき限度において贈与または遺贈の目的財産の価額を弁償して返還を免れることができるという価額弁償権（旧民1041条）が規定されていました。

　そして、価額弁償における価額算定の基準時は、訴訟外においては現実の弁償時、訴訟においては現実に弁償がされるときに最も接着した時点として、事実審の口頭弁論終結時であるとされていました（最判昭和51年8月30日・民集30巻7号768頁）。その理由は、「価額弁償は目的物の返還に代わるものとしてこれと等価であるべきことが当然に前提とされている」ので、現実の弁済時の目的物の価額が基準となるべきだからとされています。

　また、受遺者が目的物を他人に譲渡したとき当然に価額弁償権が発生しましたが（旧民1040条）、その価額算定の基準時は譲渡時とされていました（最高裁平成10年3月10日判決・民集52巻2号319頁）。

(2) 遺留分侵害額請求権における請求額の基準時

　今回の改正で、遺留分権利者の権利について、遺留分侵害額請求権として、権利行使により、受遺者または受贈者に対して遺留分侵害額に相当する金銭の支払を請求することができる金銭債権を発生させる権利となり、上記(1)の価額弁償権に関する旧民法1040条および1041条も削除されることとなりました。

　改正後の規律によれば、遺留分権利者は目的物返還請求権を当初から有しな

いわけですから，上記判例の「価額弁償は目的物の返還に代わるものとしてこれと等価であるべきことが当然に前提とされている」という根拠は妥当しなくなりました。

以上の法的性質の変更からすると，目的物の評価の基準時は，相続開始時に固定されたものと解されます（なお，「［対談］相続法の改正をめぐって」（ジュリスト（No.1526）（32頁沖野発言参照））。

5 受遺者または受贈者が破産した場合における遺留分権利者の取扱い

上記のとおり，旧民法下での「遺留分減殺請求権」は，遺留分権利者の権利行使により，遺贈または贈与の目的物について当然に物権的効果が生じ，遺留分権利者は目的物の所有権ないし共有持分権を有することになります。

そのため，受遺者または受贈者が破産した場合，遺留分減殺請求権を行使した遺留分権利者は取戻権者として，破産手続に影響を受けずして目的物を取り戻すことができました（破産法62条）。

しかし，今回の改正により，遺留分権利者は遺留分侵害額請求権の行使により受遺者または受贈者に対する金銭債権を取得するにすぎないこととされ，同金銭債権を担保する先取特権の定めも設けないこととされました。

そのため，受遺者または受贈者が破産した場合，遺留分侵害額請求権を行使した遺留分権利者は，破産手続上，一般破産債権を有する破産債権者として扱われ，破産財団から配当を受けるしかできなくなるものと考えられます。

6 施行日

本改正は，施行日（平成31年（2019年）7月1日）以降に開始した相続について適用されます（改正法附則2条）。

ポイント

- 遺留分減殺請求権は，遺留分侵害額請求権として名称が変更され，物権的効果説が放棄されて，金銭債権が発生するのみとされた。
- この改正に伴い，金銭債権のもととなる目的物価額算定の基準時や破産時の取扱いなどに変化が生じた。また，課税関係にも影響があると考えられる。

第5章 遺留分 113

Q5-3 　裁判所による相当の期限の許与

今回の改正で，遺留分減殺請求権が遺留分侵害額請求権として金銭債権化されたということですが，遺留分侵害額請求権の行使を受けた受遺者または受贈者にただちに支払う金銭がない場合にはどうなりますか。

A

遺留分侵害額請求権により金銭請求を受けた受遺者または受贈者がただちに支払う金銭を準備できるとは限りません。

そこで，そのような場合には，受遺者または受贈者の請求により，裁判所が，金銭債務の全部または一部の支払につき「相当の期限」を許与することができることとされました（新民1047条5項）。

解 説

1 ┃ 裁判所による相当の期限の許与（新民1047条5項）

旧民法における遺留分減殺請求権は目的となる財産について物権的な効果を生じるものとされていたため，遺留分減殺請求の行使を受けた受遺者または受贈者は必ずしも金銭を用意する必要はありませんでした。

ところが，遺留分減殺請求権が遺留分侵害額請求権として金銭債権化されたことにより，同請求権の行使を受けた受遺者または受贈者は，遺留分権利者に対し金銭債務を負担することになりました。そのため，請求を受けた受遺者または受贈者がただちには金銭を準備することができない場合，遅延損害金の負担を余儀なくされる，といった不利益を被る可能性が生じることとなりました。

そこで，ただちには金銭を準備することができない受遺者または受贈者の利益に配慮するため，金銭請求を受けた受遺者または受贈者の請求により，裁判所が，金銭債務の全部または一部の支払につき相当の期限の許与することができることとされました（新民1047条5項）。この制度は，借地借家法13条2項（建物買取請求権を行使された借地権設定者の請求による代金債務の期限の許与）や民法196条2項（有益費償還請求を受けた占有物の回復者の請求による有益費支払債務の期限の許与）などの例を参考にして設けられたものです。

> 新民法1047条
>
> 5　裁判所は，受遺者又は受贈者の請求により，第一項の規定により負担する債務の全部又は一部の支払につき相当の期限を許与することができる。

　なお，裁判所が，どのような場合に，どの程度の期限を許与することができるかについては，さまざまな事例が想定されるため，裁判所の裁量に委ねるという趣旨から，法文上は判断基準が明記されていません。

　もっとも，法制審議会では，この制度は，「主に受遺者又は受贈者の資力や，贈与又は遺贈された財産などを考慮して，その請求を受けた受遺者又は受贈者において，ただちに当該金銭請求に対して弁済することができない場合」を想定したものであり，「相当の期限」については，「受遺者又は受贈者の資金調達に要するまでの間であり，通常長期間先にはならない」，「受遺者又は受贈者の資力や，遺贈や贈与の目的財産等を売却するなどして資金を調達するのに要する通常の期間」が典型的には考慮される事情となるだろう，との説明が事務当局からなされています（法制審議会第26回会議議事録参照）。

2 ｜ 受遺者または受贈者の無資力による損失の負担 （新民1047条４項）

　なお，受遺者または受贈者が無資力の場合，たとえば目的財産を処分・費消してしまい固有の財産も存在しないような場合には，遺留分権利者は遺留分侵害額に相当する金銭の支払を受けることができませんが，その損失は，旧民法1037条と同様に，遺留分権利者の負担となります。

> 新民法1047条
>
> 4　受遺者又は受贈者の無資力によって生じた損失は，遺留分権利者の負担に帰する。

ポイント

- 遺留分侵害額請求権の行使を受けた受遺者または受贈者がただちに金銭の支払をできないときには，裁判所に対して，支払につき，相当の期限の許与を求めることができる。

Q5-4 遺留分侵害額の算定

遺留分侵害額の算定についてはどのような規律が設けられましたか。

A

新民法では，遺留分の算定について1042条に，遺留分を算定するための財産の価額について1043条～1045条に，遺留分侵害額の算定方法について1046条2項に，それぞれ規律が設けられました。

解説

（遺留分の帰属及びその割合）
新民法1042条　兄弟姉妹以外の相続人は，遺留分として，次条第1項に規定する遺留分を算定するための財産の価額に，次の各号に掲げる区分に応じてそれぞれ当該各号に定める割合を乗じた額を受ける。
　一　直系尊属のみが相続人である場合　3分の1
　二　前号に掲げる場合以外の場合　2分の1
2　相続人が数人ある場合には，前項各号に定める割合は，これらに第900条及び第901条により算定したその各自の相続分を乗じた割合とする。

（遺留分を算定するための財産の価額）
新民法1043条　遺留分を算定するための財産の価額は，被相続人が相続開始の時において有した財産の価額にその贈与した財産の価額を加えた額から債務の全額を控除した額とする。
2　（略）

新民法1044条　贈与は，相続開始前の一年間にしたものに限り，前条の規定によりその価額を算入する。当事者双方が遺留分権利者に損害を加えることを知って贈与をしたときは，一年前の日より前にしたものについても，同様とする。
2　第904条の規定は，前項に規定する贈与の価額について準用する。
（第904条　前条に規定する贈与の価額は，受贈者の行為によって，その目的である財産が滅失し，又はその価格の増減があったときであっても，相続開始の時においてなお原状のままであるものとみなしてこれを定める。）

3　相続人に対する贈与についての第1項の規定の適用については，同項中「一年」とあるのは「十年」と，「価額」とあるのは「価額（婚姻若しくは養子縁組のため又は生計の資本として受けた贈与の価額に限る。）」とする。

新民法1045条　負担付贈与がされた場合における第1043条第1項に規定する贈与した財産の価額は，その目的の価額から負担の価額を控除した額とする。
2　不相当な対価をもってした有償行為は，当事者双方が遺留分権利者に損害を与えることを知ってしたものに限り，当該対価を負担の価額とする負担付贈与とみなす。

（遺留分侵害額の請求）
新民法1046条　（第1項…略）
2　遺留分侵害額は，第1042条の規定による遺留分から第1号及び第2号に掲げる額を控除し，これに第3号に掲げる額を加算して算定する。
　一　遺留分権利者が受けた遺贈又は第903条第1項に規定する贈与の価額
　二　第900条から第902条まで，第903条及び第904条の規定により算定した相続分に応じて遺留分権利者が取得すべき遺産の価額
　三　被相続人が相続開始の時において有した債務のうち，第899条の規定により遺留分権利者が承継する債務（次条第3項において「遺留分権利者承継債務」という。）の額

1 遺留分額の算定方法

(1) 遺留分額の算定方法

　上記のとおり，遺留分額の算定方法は新民法1042条に定められています。これを計算式で表すと次のとおりとなります。

遺留分額
　＝（遺留分を算定するための財産の価額）×個別的遺留分の割合（（総体的遺留分の割合）×（遺留分権利者の法定相続分の割合））

(2) 遺留分を算定するための財産の価額の算定方法

　上記のうち，「遺留分を算定するための財産の価額」の算定方法については新民法1043条に定められています。

これを計算式で表すと次のとおりとなります。

> 遺留分を算定するための財産の価額
> ＝（被相続人が相続開始の時において有した財産の価額）＋（贈与した財産の価額）－（債務の全額）

なお，旧民法においては，加算の対象となる贈与した財産の価額については，相続人に対して生前贈与がなされた場合，負担付贈与がなされた場合，不相当な有償行為がなされた場合については，明確な規定がなく解釈に委ねられていた点がありましたが，新民法では，これらの点について明文で規定を設け，算定方法を明確化しました。

これらの見直しの詳細については，Q5-5からQ5-7を参照ください。

　個別的遺留分の割合
　（総体的遺留分の割合×遺留分権利者の法定相続分の割合）

Q5-1のとおり，遺留分権利者の個別的遺留分の割合は，遺留分権利者全員の総体的遺留分に遺留分権利者の法定相続分の割合を乗じて算定します。

(3) 事例検討

> 被相続人Aの相続人には配偶者B，子C，Dがいる。
> 被相続人Aの相続財産には，預金1,500万円と不動産（評価額5,500万円）とがあり，債務が2,000万円ある。
> また，被相続人Aは，死亡する5年前，子Cに対し，結婚資金として500万円の生前贈与をしていた。
> この場合における配偶者B，子C，Dの各遺留分額はいくらか。

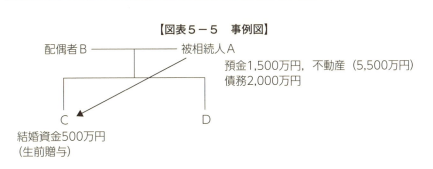

【図表5-5　事例図】

ア 計算式

前述のとおり，遺留分額の計算式は以下のとおりです．

> ①遺留分額
> ＝（②遺留分を算定するための財産の価額）×③個別的遺留分の割合（（総体的遺留分の割合）×（遺留分権利者の法定相続分の割合））

そこで，上記事例をこの計算式に当てはめて計算します．

イ ②遺留分を算定するための財産の価額

前述のとおり，遺留分を算定するための財産の価額の計算式は以下のとおりです。

> （遺留分を算定するための財産の価額）
> ＝（被相続人が相続開始の時において有した財産の価額）＋（贈与した財産の価額）－（債務の全額）

被相続人Aが相続開始の時において有した財産の価額は7,000万円，贈与した財産の価額は500万円，債務は2,000万円ですので，遺留分を算定するための財産の価額は7,000万円＋500万円－2,000万円＝5,500万円となります。

ウ 個別的遺留分の割合

次に，被相続人Aの相続人は配偶者B，子C，Dですので，総体的遺留分の割合は2分の1です。

そして，遺留分権利者の法定相続分の割合は，配偶者Bが2分の1，子CとDはそれぞれ4分の1ずつですので，個別的遺留分の割合は，配偶者Bが4分の1，子CとDはそれぞれ8分の1ずつです。

エ ①遺留分額

そうすると，配偶者Bの遺留分額は5,500万円×1/4＝1,375万円，子CとDの遺留分額はそれぞれ5,500万円×8分の1＝687万5,000円ずつとなります。

2 遺留分侵害額の算定方法

遺留分侵害額の算定方法は新民法1046条2項に定められており，これを計算式で示すと以下のとおりとなります。

第5章　遺留分　119

> 遺留分侵害額
> ＝（遺留分額）－（遺留分権利者が受けた特別受益）－<u>（遺産分割の対象財産
> がある場合（すでに遺産分割が終了している場合も含む。）には具体的相続分
> に応じて取得すべき遺産の価額（ただし寄与分による修正はしない。））</u>＋（民
> 法899条の規定により遺留分権利者が承継する相続債務の額）

　なお，遺留分侵害額の算定にあたり遺留分額から控除すべき積極財産の価額
については，旧民法では遺留分侵害額の算定方法について明示した規定があり
ませんでした。この点，最高裁が，遺留分額から「遺留分権利者が相続によっ
て得た財産がある場合は，その額を控除」すると判示したものの（最高裁平成
8年11月26日判決・民集50巻10号2747頁），この控除すべき「遺留分権利者が
被相続人から相続によって得た積極財産の額」の価額をどのように算定すべき
かについて，未分割の遺産がある場合，いわゆる法定相続分を前提に算定すべ
きという法定相続分説と，特別受益を考慮した具体的相続分を前提に算定すべ
きという具体的相続分説とに解釈が分かれるなどしていました。

　そこで，新民法では，遺留分侵害額の算定方法を明確にするため，遺産分割
の対象財産がある場合には，遺留分侵害額を算定するにあたり，その時点です
でに遺産分割が終了しているか否かにかかわらず，第900条から第902条まで，
第903条および第904条の規定により算定した相続分，すなわち具体的相続分に
応じて遺留分権利者が取得すべき遺産の価額を控除することを明らかにしまし
た（新民1046条2項本文，同項2号）。

　ただし，寄与分は家庭裁判所の審判によりはじめてその有無および額が決定
されるものであり相続開始時には確定していないこと等を考慮し，寄与分によ
る修正はしないこととされています（新民法1046条2項2号は寄与分について
定めた民法904条の2を除外している）。

(1)　**事例検討**

> 　上記1(4)の事例において，被相続人Aが，不動産（評価額5,500万円）を子D
> に相続させる旨の遺言を残した。
> 　配偶者Bと子C，Dの遺留分侵害額はいくらか。

　上記で計算したとおり，各遺留分権利者の遺留分額は，配偶者Bが1,375万円，
子CとDがそれぞれ687万5,000円ずつでした。

そしてまず、「遺留分権利者が受けた特別受益」は、配偶者については0円、子Cについては、被相続人Aが死亡する5年前に生前贈与を受けた結婚資金500万円、子Dについては0円となります。

また、「具体的相続分に応じて取得すべき遺産の価額」は、配偶者Bについては預金1,500万円の2分の1である750万円、子Cについては預金の4分の1である350万円、子Dについては預金350万円と不動産の評価額5,500万円の合計5,850万円となります。

そして、「遺留分権利者が承継する相続債務の額」は、配偶者Bについては債務2,000万円の2分の1である1,000万円、子Cと子Dについては債務の4分の1である500万円ずつとなります。

これを前提に遺留分侵害額を計算すると、以下のとおりとなります。

（配偶者Bについて）

遺留分額1,375万円－遺留分権利者が受けた特別受益の額0円－具体的相続分に応じて取得すべき遺産の価額750万円＋負担する相続債務1,000万円＝遺留分侵害額1,600万円

（子Cについて）

遺留分額687万5,000円－遺留分権利者が受けた特別受益の額500万円－具体的相続分に応じて取得すべき遺産の価額375万円＋負担する相続債務500万円＝遺留分侵害額437万5,000円

（子Dについて）

遺留分額687万5,000円－遺留分権利者が受けた特別受益の額0円－具体的相続分に応じて取得すべき遺産の価額5,850万円＋負担する相続債務500万円＝遺留分侵害額－4,662万5,000円（遺留分侵害なし）

以上から、配偶者Bは、子Dに対し1,600万円の金銭の支払を、子Cは、子Dに対し、437万5,000円の金銭の支払を、遺留分侵害額請求権を行使してそれぞれ請求することができることになります。

ポイント
・遺留分侵害額の算定について、説が分かれていた事項もあったが、新法で明確化された。

Q5-5 持戻しの対象となる遺贈や贈与の範囲

今回の改正で，遺留分を算定するための財産に含めるべき生前贈与の範囲についてどのような整理がされたのでしょうか。

相続人に対するもので，婚姻もしくは養子縁組のためまたは生計の資本として受けた贈与については，相続開始前10年間に限り遺留分を算定するための財産に含めることになりました。

解 説

1 旧民法の規定，最高裁判決とその問題点

旧民法1029条は，遺留分の算定方法について規定し，同1030条前段は，「贈与は，相続開始前の一年間にしたものに限り，前条の規定によりその価額を算入する。」と規定しています。

しかし，最高裁平成10年3月24日判決・民集52巻2号433頁は，特別受益にあたる生前贈与で相続人に対するものについては，民法1030条の定める要件を満たさないものであっても，つまり，相続開始前の1年間に贈与したという要件を満たさないものであっても，原則として遺留分減殺の対象となる旨を判示しました（なお，例外として，当該贈与が相続開始よりも相当以前にされたものであって，その後の時の経過に伴う社会経済事情や相続人など関係人の個人的事情の変化をも考慮するとき，減殺請求を認めることが右相続人に酷であるなどの特段の事情がある場合は，減殺の対象とならないとも判示しています）。

その理由は，①旧民法1044条によって，同903条1項の定める相続人に対する贈与は，遺留分算定の基礎となる財産に含まれるところ，②当該贈与のうち民法1030条の定める要件を満たさないものが遺留分減殺の対象とならないとすると，遺留分を侵害された相続人が存在するにもかかわらず，減殺の対象となるべき遺贈，贈与がないために右の者が遺留分相当額を確保できないことが起こり得るが，このことは遺留分制度の趣旨を没却するからである，とされています。

しかし，このような判例の考え方によると，被相続人が相続開始の何十年も前にした相続人に対する贈与の存在によって，第三者である受遺者または受贈

者が受ける減殺の範囲が大きく変わり得ることになり，第三者である受遺者や受贈者に不測の損害を与え，その法的安全性を害するおそれがあるとの問題点が指摘されていました。また，過去の贈与の事実の有無，贈与された財産の評価などが，遺留分を巡る紛争の複雑化，長期化の一因となっていました。

2 新民法の規定の概要

(1) 以上の問題を踏まえ，改正法では，相続人に対する贈与（特別受益に限る）の価額は，相続開始前の10年間にされたものに限り，遺留分を算定するための財産の価額に含めることとしました（新民1044条3項）。10年以上前の贈与の価額は遺留分を算定するための財産の価額に含めないのですから，当然，侵害額請求権の行使の対象にもならないと解されます。

【図表5－6　相続人に対する生前贈与が遺留分侵害額請求権の行使の対象となるか】

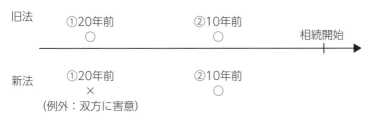

もっとも，10年以上前の贈与であっても，害意がある場合，すなわち，「当事者双方が遺留分権利者に損害を与えることを知ってしたもの」については，例外的に，このような期間制限はありません（新民1044条1項後段，3項）。

これは旧民法1030条ただし書からのルールを維持したものです。この例外的なルールを設けるとやはり数十年前の贈与を巡って紛争が生じるのではないかという議論もありましたが，高齢になって全財産を特定の相続人に贈与したような場合には10年以上経過していても他の相続人を保護するべきではないかといった観点から，当事者双方に害意がある場合には10年以上前の贈与であっても遺留分侵害額請求の対象となることとなりました。なお，法制審議会第20回会議部会資料47頁では，当該害意がある場合は，過去の判例（大審院判決昭和11年6月17日・民集15巻1246頁）に照らすと，当事者双方において贈与当時財産が残存財産の価額を超えることを知ったのみならず，将来相続開始までに被相続人の財産に何らの変動もないこと，少なくともその増加のないことを予見していたことが必要とされており，極めて限定したケースしか肯定されない

（から当該例外的ルールを設けても問題ない）とされています。どのような
ケースを例外と見るべきかは，法制審議会16回会議議事録30頁以下で議論され
ていますが，たとえば70歳で，その後の収入も年金程度しかない被相続人が特
定の相続人に全財産を贈与し，85歳で亡くなったような場合には，通常は，害
意があることになるのではないかと思われます。

(2)　また，受贈者の行為によって，その目的である財産が滅失しまたはその価
格の増減があったときでも，相続開始時に原状のままであるものとみなして
評価するとする民法904条の規定を，遺留分を算定するための財産の価額に
算入する贈与の価額について準用する規定が設けられました（新民1044条2
項）。

　　相続開始の7年前に生前贈与を受けた当時価額が1,000万円の不動産を，
相続開始前に，過失により全焼させた場合でも2,000万円で売却した場合で
も，遺留分を算定するための財産の価額としては相続開始時（通説）にその
不動産が現に存在した場合の額（相続開始時の価額が1,500万円であれば1,500
万円となります）とみなされます。

(3)　なお，以上は「過去の贈与をどこまで遺留分侵害額請求の対象とできる
か」という問題です。

　　これとは別に，遺留分権利者が過去に受けた贈与はどうか？　という問題
があります。この点については，当該贈与が特別受益に当たれば期間制限な
く控除の対象になるので，注意が必要です（新民1046条2項1号）。

3　施行日

以上は，施行日（平成31年（2019年）7月1日）以後に開始した相続につい
て適用されます。施行日前に作成した遺言がある場合でも，相続開始が施行日
以降であれば，遺留分に関する新民法の規定が適用されることになります。

ポイント

• 相続人に対し特別受益にあたる生前贈与があっても，その贈与の価額は，相
続開始まで10年が経過していれば原則として遺留分を算定するための財産の
価額に算入しない。

• したがって，旧民法を前提に，数十年前の生前贈与を考慮し，遺留分に配慮
した遺言を作成済みであれば，遺言書の書き換えも検討の対象となる。

実務プラス

生前贈与についての税法と民法

　生前贈与については相続税法と民法の両方にそれぞれ規定がありますが，両者で取扱いが異なるため，注意が必要です。

　相続税課税の対象は相続，遺贈，死因贈与なので（相続税法１条の３），原則として生前贈与を考慮する必要はありません（相続開始前３年以内の生前贈与を除く（相続税法19条１項））。

　他方，民法は，相続人が，被相続人から①婚姻もしくは養子縁組のためまたは②生計の資本として生前贈与を受けた場合，被相続人が別段の意思表示をしていない限り，被相続人が相続開始の時に有した財産の価額にその贈与の価額を加えたものを相続財産とみなして相続分を算定し，その相続分から生前贈与の価額を控除した残額を，その者の相続分とすると定めています（特別受益の持戻し，民903条１項，３項）。本条では，相続税法19条１項と異なり，相続の開始前３年以内という期間の限定はありません。一方で，すべての生前贈与が持戻しの対象となるものではなく，上記要件を満たしたもののみを特別受益として持戻しの対象としています。

　相続税法では，生前贈与は原則として贈与税の課税対象として相続税課税の公平をはかり（生前贈与による相続税の租税回避を防止するために補完税として贈与税制度を設ける），民法では，相続人間の公平のため，特別受益の持戻しという制度によって，生前贈与のうち一定のものを考慮する，という建付けとなっています。

　生前贈与について相談を受ける際には，税法上の取扱いに加えて，民法上は死亡開始の３年以上前に行ったものであっても特別受益として持戻しの対象となる可能性があることに留意し，特別受益として持戻しの対象となり得るか否かを確認するとともに，贈与者が持戻しの対象とすることを望まない場合にはその旨を明示的に意思表示しておくことが重要となることを念頭に置いておくと良いでしょう。

第5章 遺留分 125

Q5-6 遺贈や贈与が複数ある場合

遺贈や贈与が複数ある場合における遺留分侵害額の負担の順序と割合については，新法ではどのような定めがされていますか。

A

基本的なルールは変わりませんが，新民法1047条1項で，遺留分侵害額の負担の順序と割合が定められました。

解 説

1 遺留分侵害額の負担者

遺留分を侵害する者が複数いる場合には，遺留分権利者は，誰に，どのような割合で，遺留分侵害額請求をすることができるでしょうか。

たとえば，相続開始の5年前に5,000万円の生前贈与を受けたAと，相続時に5,000万円の遺贈を受けたBがいるような場合です。このとき遺留分権利者Cは誰に遺留分侵害額請求をするのでしょうか。

この点，新民法1047条1項は，遺留分を侵害している者が複数いる場合の遺留分侵害額の負担順序と割合について，以下のとおり定めました。

> 一号　受遺者と受贈者とがあるときは，受遺者が先に負担する。
> 二号　受遺者が複数あるとき，又は受贈者が複数ある場合においてその贈与が同時にされたものであるときは，受遺者又は受贈者がその目的の価額の割合に応じて負担する。ただし，遺言者がその遺言に別段の意思を表示したときは，その意思に従う。
> 三号　受贈者が複数あるとき（前号に規定する場合を除く。）は，後の贈与に係る受贈者から順次前の贈与に係る受贈者が負担する。

2 遺贈と贈与がある場合

まず，遺贈と贈与がある場合，受遺者がまず負担することになります。上記

事例でいえば，まず，Bが遺贈の目的の価額（5,000万円）を限度として，遺留分侵害額を負担します。Cの遺留分侵害額が5,000万円を超える場合にのみ，Aが負担します。このように，AとBとが平等に負担するわけではありません。

このことは，旧民法1033条にも規定されていました。遺留分権利者に遺産の一部を確保することが遺留分制度の本来の趣旨であること，相続開始によって効力が発生する遺贈に対しすでに効力が発生している贈与の方がより法的安定性を保護する必要が強いことによります。

この規定は強行法規と解されており，これと異なる被相続人の意思が表示されていたとしても効力をもちません。

3 遺贈が複数ある場合および同時の贈与が複数ある場合

次に，遺贈が複数ある場合には，遺言書の作成時期を問わず遺言者の死亡時に同時に効力を生じることから，複数の遺贈の間に先後関係はありません。新民法1047条1項2号は，このように本来的に先後関係のない遺贈と，先後関係のない贈与のそれぞれについて，被相続人が通常有する意思の解釈として，その目的の価額の割合による負担を定めたものです。旧民法1034条は，遺贈についてのみ規定していましたが，判例上，贈与についても類推適用されると解されていました。

被相続人の通常の意思解釈によることから，これと異なる意思を遺言で表示していたときには，その意思が優先されます（新民1047条1項2号ただし書）。

4 贈与が複数ある場合

贈与が複数ある場合は，後になされた贈与から対象になり，順に前の贈与に及びます。前の贈与ほど法的安定性の要請が強いことによるもので，旧民法1035条にも定めがありました。

複数の贈与の先後関係については，履行の先後ではなく，契約の先後により決すべきものと解されています。

5 遺贈，死因贈与，生前贈与が同時に存在する場合等

なお，判例上，遺贈，死因贈与，生前贈与が同時に存在する場合は遺贈，死因贈与，生前贈与の順に対象とすべき，また，「相続させる」旨の遺言による財産の承継についての減殺順序は遺贈と同様と解すべき，とされており（東京

第 5 章　遺留分　127

高裁平成12年 3 月 8 日判決・高民集53巻 1 号93頁），この解釈は新民法上も維持されると思われます。

ポイント

・遺留分を侵害する者が複数いる場合には，遺留分侵害額は，贈与であるか遺贈であるか，その先後関係によって，遺留分侵害額を負担する者や割合が異なる。

実務プラス

生前贈与についての遺留分侵害額請求（気をつけよう順序）

　受贈者が複数あるときは，時間的に後になされた贈与の受贈者が，遺留分侵害額請求について優先的に負担するというルールがあります。

　たとえば，以下のようなケースを考えてみましょう。

・被相続人Aは平成26年に死亡
・Aの相続人は前妻の子（長女と次女）と妻
・相続財産は600万円
・妻とは折り合いが悪く長女と次女に 2 分の 1 ずつ相続させる旨の遺言
・平成20年に長女，平成21年に次女にそれぞれ結婚資金として1,500万円を生前贈与していた

　まず，遺留分算定の基礎となるのは，相続財産600万円と生前贈与3,000万円の合計3,600万円です。そして，妻の遺留分額は，3,600万円×1/2（法定相続分）×1/2（総体的遺留分割合）＝900万円であり，長女と次女の遺留分額はそれぞれ，3,600万円×1/4×1/2＝450万円です。

　妻は相続により受け取った積極財産がないので，妻の遺留分侵害額は900万円となります。

　妻がこの900万円を確保するために，誰に対し遺留分侵害額請求権を行使できるかについては，相続させる旨の遺言と生前贈与があり，相続させる旨の遺言は遺贈と同様に解される（東京高裁平成12年 3 月 8 日判決）ので，まず相続させる旨の遺言が対象となります。長女と次女は相続させる旨の遺言により各300万円を取得しますが，それぞれの遺留分額（各450万円）を超えていない

ので，遺留分侵害額請求の対象となりません（最高裁平成10年2月26日判決，新民1047条1項）。

　そこで，生前贈与が対象になりますが，複数の生前贈与のうち，後に行われた次女への生前贈与が優先されます。つまり，次女は生前贈与1,500万円のうち900万円を妻に支払う必要があります。

　一方，次女への遺留分侵害額請求により，妻の遺留分は確保されますので，長女への生前贈与1,500万円については，請求の対象となりません。

　被相続人としては2人の子供を平等に扱ったつもりでも，結果的に次女の取り分が少なくなってしまうのです（妻900，長女1,800，次女900となる）。

　贈与を同時に行った場合は価額による按分となります。契約（約束）が同時であれば，履行が順次でも，同時とされます。

　生前贈与を行うにあたり，遺留分侵害の心配があるときは，その順序にも十分注意してください。

第5章　遺留分　129

Q5-7 負担付贈与・不相当な対価による有償行為

負担付贈与がされた場合や，不相当な対価による有償行為が
あった場合の遺留分の算定についても，改正がされたそうで
すが，どのようなものですか。

A

　負担付贈与がされた場合においては，遺留分を算定するための財産の価
額に，贈与の目的の価額から負担の価額を控除した額を算入することが明
文化されました。

　また，当事者双方が遺留分権利者に損害を与えることを知ってなした不
相当な対価による有償行為があった場合，当該対価を負担の価額とする負
担付贈与とみなし，遺留分算定の基礎とすることとしました。

解　説

1 負担付贈与とは

　負担付贈与とは，受贈者に対し一定の債務を負担させることを条件とする贈
与のことをいいます。

　たとえば，受贈者に対し土地を贈与する代わりに借入金債務を引き受けさせ
た場合，負担付贈与となります。

2 旧民法1038条

　旧民法1038条は，「負担付贈与は，その目的の価額から負担の価額を控除し
たものについて，その減殺を請求することができる」と定め，減殺の対象は，
負担を控除した部分に限定することとされていました。

　しかし，遺留分を算定するための財産の価額を求める計算において，相続人
または第三者に対する生前贈与を算入するに際し，目的物の価額から負担を控
除した額を基礎とするのか（一部算入説），目的物の価額を全額算入し，その
上で旧民法1038条により減殺の対象を負担を控除した部分に限定するのか（全
部算入説）が明確ではありませんでした。

3 新民法1045条1項（一部算入説）

新民法1045条1項は,「負担付贈与がされた場合における第1043条第1項に規定する贈与した財産の価額は, その目的の価額から負担の価額を控除した額とする」と規定し, 一部算入説を採ることを明確にしました。これは, 全額算入説だと, 逆転現象（負担付贈与の受贈者の取り分が少なくなる）が生じる等の問題があるためです（後述の**4**(1)の事例参照）。

なお, 一部算入説によっても, 負担部分の価額が大きければ遺留分権利者の遺留分が小さくなる, つまり, 負担付贈与により遺留分制度を潜脱することができるという問題がありますが, 極端に負担部分が大きい負担付贈与については, 負担による受益者も実質的な受贈者として, 算定の基礎に加えるとともに減殺の対象にすると解釈をすることによって整合性をはかることができるのではないか, との示唆が事務当局からなされています（法制審議会第16回会議議事録28頁等参照）（後述の**4**(2)の事例参照）。

4 具体例

(1) 相続人は子Ａと子Ｂ（法定相続分各2分の1）

被相続人がＢに対し9,000万円を遺贈, ただし5,000万円の負担付（負担の相手方はＣ）

ＡとＢの遺留分額

（9,000万－5,000万）×2分の1×2分の1＝各1,000万円

ＡはＢに対して1,000万円減殺請求できる

Ａの取り分：1,000万円

Ｂの取り分：9,000万円－5,000万円－1,000万円＝3,000万円

【図表5－7　一部算入説】

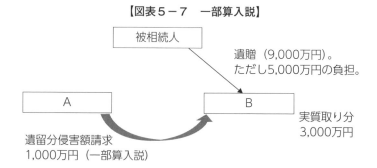

仮に全部算入説だと,

9,000万 × 2分の1 × 2分の1 = 2,250万円

AはBに対し2,250万円(4,000万円の部分を対象)減殺請求できる

Aの取り分:2,250万円

Bの取り分:9,000万円 − 5,000万円 − 2,250万円 = 1,750万円 　※逆転現象

⑵ **相続人は子Aと子B(法定相続分各2分の1)**

被相続人がBに対し9,000万円を遺贈,ただし8,000万円の負担付(負担の相手方はC)

AとBの遺留分額

(9,000万 − 8,000万) × 2分の1 × 2分の1 = 各250万円

AはBに対し250万円侵害額請求できる

Aの取り分:250万円

Bの取り分:9,000万円 − 8,000万円 − 250万円 = 750万円

(→Aの取り分額が少なくなり,遺留分の潜脱となりかねない)

しかし,Bの負担が極端に負担が大きいので負担の相手方Cも受贈者とみれば,

AとBの遺留分額

9,000万 × 2分の1 × 2分の1 = 各2,250万円

AはBに対し0円,Cに対し2,250万円侵害額請求できる。

負担は遺贈→贈与の順だが,Bの負担額は,遺贈の目的の価額から遺留分額を控除した額を限度とするので(新民1047条1項),Bによる遺留分侵害はない。

Aの取り分:2,250万円

Bの取り分:1,000万円

Cの取り分:8,000万円 − 2,250万円 = 5,750万円

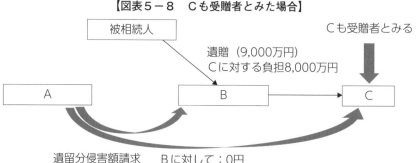

5 不相当な対価をもってした有償行為についての旧民法の定めと解釈

　旧民法は，1039条において「不相当な対価をもってした有償行為については，当事者双方が遺留分権利者に損害を加えることを知ってしたものに限り，これを贈与とみなす」とした上，このような有償行為について遺留分減殺請求をするときには「対価を償還しなければならない」，すなわち，減殺請求自体は当該有償行為の全額を対象とすることとされていました。

　たとえば，被相続人が第三者に2,000万円の土地を対価100万円で売り渡し，双方が遺留分権利者に損害を加えると知っていた場合，この土地は贈与したものとみなされて全額が減殺請求の対象となるが，遺留分権利者は，第三者に対価を償還，すなわち100万円を支払わなければならないとされていました。

6 新民法1045条2項

　新民法も，当事者双方が遺留分権利者に損害を与えることを知ってなした不相当な対価による有償行為について，対価を負担の価額とする負担付贈与とみなして遺留分侵害額請求の対象とし，かつ遺留分の算定の基礎とすることとする点は旧民法と変わりません。

　しかしながら，Q5-2で解説したとおり，遺留分侵害額請求権の法的性質が物権的請求権から金銭債権へと変更されたことに伴い，当該有償行為の全額を減殺の対象とした上で対価を償還させるという仕組みを採用する必要性が乏しくなりました。

そこで，端的に，遺留分算定の基礎として対価を控除したものを加算することとしました。上記の例でいうと，2,000万円 − 100万円 = 1,900万円が遺留分算定の基礎とされます。対価を控除した残額を対象とすることについては旧民法と何ら変わりません。

なお，新民法1045条2項は，不相当な対価による有償行為について，「当事者双方が遺留分権利者に損害を与えることを知ってしたものに限り」との限定をしています。この点は「加える」から「与える」へと文言は変わりましたが，趣旨は変わらないものと解されます。たとえ不相当であっても対価が支払われている以上，無償行為である贈与や遺贈とは異なるため，本来は遺留分侵害額請求の対象とすべきではなく，とくに悪質なものに限定すべきとの趣旨によります。

ポイント

- 負担付贈与や不相当な対価による有償行為があった場合の遺留分の算定について改正された。
- 実務上さほど出てこないが，事案によっては結論に相当な影響がある。

| Q5-8 | 受遺者等が相続債務を弁済した場合 |

受遺者等が相続債務を弁済した場合の遺留分侵害額の算定について，新しい規定ができたそうですが，どのような内容ですか。

A

　遺留分権利者の負担する相続債務を受遺者または受贈者が弁済等により消滅させたときには，受遺者または受贈者は，遺留分権利者に対し，その債務を消滅させた限度で，遺留分侵害額請求による金銭債務を消滅させることができるという規定が新設されました。

解 説

1 遺留分侵害額の算定における債務の取扱い

　遺留分侵害額の算定は，以下の算定式で行われます。

　遺留分＝財産の価額〔新民1043条～1045条〕×遺留分割合〔新民1042条〕

　遺留分侵害額＝遺留分−特別受益〔新民1046条2項1号〕−遺産分割により取得する財産〔新民1046条2項2号〕＋承継する相続債務〔新民1046条2項3号〕

2 新設規定の必要性

　被相続人が事業を営んでおり，受遺者または受贈者がその事業を承継した場合等，受遺者または受贈者が遺留分権利者の負担する相続債務を肩代わりして弁済する必要がある場合があります。このような場合には，弁済等をした受遺者または受贈者は，遺留分権利者に対し求償権を取得します。

　旧法ではこのように求償権を行使することしか認められていませんでした。一方で，端的に，遺留分権利者が承継する相続債務が消滅した限度において，遺留分侵害額請求権が減額されることとなれば，簡便です。また，弁済期未到来の相続債務を弁済等した場合には，相殺をすることができないので，このような規律を設ける意味があります。

　そこで，遺留分権利者の負担する相続債務を受遺者または受贈者が弁済等に

より消滅させたときには，受遺者または受贈者は，遺留分権利者に対し，その債務を消滅させた限度で，遺留分侵害額請求による金銭債務を消滅させることができるという規定が新設されました（新民1047条3項）。

このような効果を発生させるためには，①まず，実際に，当該債務を弁済等によって消滅させなければなりません。②次に，遺留分侵害額請求権を行使した遺留分権利者に対し意思表示を行う必要があります。

また，この場合において，遺留分権利者に対して取得した求償権は，消滅した債務の限度において消滅します。

3 求償権との関係

消滅の意思表示ができるのは遺留分侵害額請求権が行使された場合に限られ，弁済等をしたが，遺留分侵害額請求権が行使されない場合には，求償権の行使をするしかありません。

遺留分侵害額請求権が行使された場合に消滅の意思表示をするか求償権の行使をするかは受遺者または受贈者の選択に委ねられます。

ポイント

・遺留分権利者の負担する相続債務を受遺者または受贈者が弁済等により消滅させた場合には，求償権を行使するか，遺留分侵害額請求に対し消滅の意思表示をするかを選択することができる。

Q5-9 遺留分侵害額請求と税務申告

遺留分侵害額請求があった場合，相続税の申告はどのようにすればよいでしょうか。

A

法改正前と同様，遺留分侵害額請求に基づき支払うべき金銭の額が確定した段階で課税関係を考慮すればよいと解されます。

解 説

1 民法理論

法改正前の遺留分減殺請求権は，形成権であって，その権利の行使は受贈者または受遺者に対する意思表示によってなせば足り，必ずしも裁判上の請求による必要はなく，いったんその意思表示がされた以上，法律上当然に減殺の効果が生じ，目的物上の権利は当然に遺留分権利者に復帰すると解されていました（旧民1031条，最高裁昭和41年7月14日判決・民集20巻6号1183頁，最高裁昭和57年3月4日判決・民集36巻3号241頁等。形成権＝物権的効果説）。

法改正によって物権的効果は発生しなくなりましたが，形成権であるという性質は変わりません。すなわち，遺留分侵害額請求の行使によって，当然に遺留分侵害額に相当する金銭債権が発生します。

2 相続税課税との関係

形成権という法的性質からすると，権利行使の時点で金銭債権が発生するので，当該請求者も「相続又は遺贈により財産を取得した個人」（相続税法1条の3第1号）に該当し，相続税の納税義務者になりそうです。

そうだとすると，遺留分侵害額請求権を，①相続税申告期限前に行使した者は申告期限までに申告する義務を負い，また，②申告期限後に行使した者はその時点で申告義務を負う，ということになりそうです。

しかし，相続税の更正の請求の特則について規定している相続税法32条1項3号は，「遺留分による減殺の請求に基づき返還すべき，又は弁償すべき額が確定したこと」としています。この条項は，平成15年の税制改正で改正された

ものですが，その趣旨は，遺留分減殺請求はその後の調停，訴訟等によって具体的に財産を取得できるのが通常なので，減殺請求時点で課税関係の調整を求めるのは現実的でないことから，「確定した」場合に調整をすることを明確にしたものとされています。

この取扱いは今回の改正後も変更がありません（実務プラス「遺留分減殺請求の法的性質の変化と税務の取扱い」参照）。

したがって，まず，①相続税申告の法定申告期限前に遺留分侵害額請求権が行使されても，その支払金額が確定していないなら，当初申告ではこれを無視して差し支えありません。

また，②当初申告後に権利者が遺留分侵害額請求権を行使しても，ただちに，これに応じた申告をする必要はありません。

3 更正の請求は任意であること

そして，当事者間の協議や調停，訴訟で，遺留分侵害額請求に基づき支払うべき金銭の額が確定したならば，4か月以内に，更正の請求をすることができます（相続税法32条）。

たとえば，兄が遺言で全ての財産を承継して相続税の当初申告を行い（税額100），妹が兄に対して遺留分侵害額請求権を行使し，兄が妹に遺産の4分の1相当額を支払う旨の和解が成立したとします。

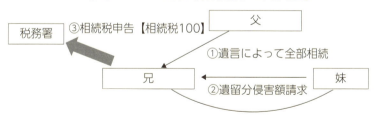

【図表5-9　遺留分侵害額請求と和解成立】

当該和解成立が「確定」（相続税法32条1項3号）に該当しますので，それから4か月以内に，兄は更正の請求を行い，税額25の還付を求めることができます。妹がこれに応じた申告をしなければ，税務署長は，反射的に，税額25の更正または決定をします（相続税法35条3項）。

上記の更正の請求は,「更正の請求をすることができる」(相続税法32条1項)とあるとおり,任意です。

したがって,兄と妹の間で相続税部分も考慮して遺留分侵害額の額を決め,兄が更正の請求をしないという取決めをすることも可能です。その場合には,妹も申告をする必要はありません。

ポイント

- 遺留分侵害額請求権が行使されても,ただちに申告義務が生じるものではなく,確定した段階で相続税法上の更正の請求事由となる。
- 当該更正の請求を行うかは任意である。

第5章　遺留分　139

実務プラス

遺留分減殺請求の法的性質の変化と税務の取扱い

　本改正では，遺留分減殺請求の効果が改正され，従前のように物権的効果が生じることなく，遺留分侵害額に相当する金銭の支払を請求することができる金銭債権を発生させる権利となりました。

　以下，遺留分制度の見直しが相続税課税，所得税課税にどのような影響を与えるのかを検討します。

1　相続税課税

　Q5-9で述べたように，相続税の更正の請求の特則について規定している相続税法32条1項3号は，「遺留分による減殺の請求に基づき返還すべき，又は弁償すべき額が確定したこと」と規定しています。すなわち，遺留分権が行使されても和解や判決によって確定するまでは申告に反映させる必要がないという前提をおいており，この点は改正によっても変更がありません（条文の文言は，「遺留分侵害額の請求に基づき支払うべき金銭の額が確定したこと」と変更されました）。

2　現物で給付する場合

　新法は遺留分侵害額請求の効果を金銭債権の発生のみとしましたが，当該金銭債権に対して，当事者双方の合意のもと，現物で弁済することは禁止されていません（一種の代物弁済となると解されます）。たとえば，1億円の不動産の受遺者が，遺留分権利者の有する2,500万円の遺留分に対して，その4分の1の持分を譲渡して弁済し，4分の3と4分の1の持分の共有状態とすることは可能です。

　この点，旧法では遺留分減殺請求によって当然に共有状態となると解されていましたが，新法ではいったん金銭債権が発生した後に不動産の譲渡によって共有状態ということになるので，当該譲渡が「資産の譲渡」（所得税法33条）によって譲渡所得課税の対象となるのではないかという疑問が生じます。

　しかし，遺留分侵害額の請求を行った相続人も，実質的には相続によって財産を取得したわけですから，このような譲渡の場合には取得費の引継ぎをして課税を繰り延べる等の措置が講じられるべきと考えます。

3　受遺者が資産を売却した場合

　被相続人の遺産として，取得費1,000万円，相続時の価額1億円の不動産があり，これがAに遺贈され，BがAに対して遺留分侵害額請求（遺留分2,500万

円）を行い，和解として，当該不動産を第三者に1億円で売却し，Aが7,500万円，Bが2,500万円を受領した場合の譲渡所得はどうなるでしょうか。

　旧法では，遺留分減殺請求によって，当該不動産はAとBの共有状態となり，これを売却した場合には，共有持分に応じて按分的に譲渡所得が発生していました。

　しかるに，新法ではあくまでもAのみが不動産を所有するので，Aのみに譲渡所得が発生するということにならざるを得ないと考えます。したがって，譲渡所得税も按分して負担したいのであれば，AのBに対する支払金額を算定するにあたっては，Bが実質負担すべき譲渡所得税相当額を控除した金額としておくなどの工夫が求められるでしょう。

第**6**章

相続の効力等

Q6-1 共同相続における権利の承継の対抗要件

Q6-2 相続債務の承継

Q6-3 遺言執行者がいる場合の相続財産の処分

142

Q6-1　共同相続における権利の承継の対抗要件

共同相続における権利の承継の対抗要件について，どのように規律されたのですか。

A

　新民法899条の２が新設され，「相続させる」旨の遺言等により承継された財産について登記なくして第三者に対抗することができるとされていた現行民法の解釈を見直し，「相続させる」旨の遺言も含めて，法定相続分を超える部分の権利の承継については，登記等の対抗要件を備えなければ第三者に対抗することができないこととなりました。また，この改正とあわせて，法定相続分を超える債権を承継した相続人は，単独で通知することにより，対抗要件を備えることができる旨定められました。

解　説

1　従来の考え方

　相続による権利の承継の対抗力については，包括的に規定する条項がなく，相続の内容に応じて，解釈に委ねられていました。具体的には，遺贈，遺産分割，相続分の指定等を問わず，相続により権利を承継した者は，法定相続分については対抗要件の具備なく権利を対抗できる一方，法定相続分を超える部分については，承継の内容によって扱いが異なっていました。

(1)　遺産分割および遺贈による権利の承継

　遺産分割協議による法定相続分を超える権利の承継については，遺産分割前後を問わず，権利を承継した相続人と他の相続人から権利を譲り受けた第三者とは対抗関係に立つとされていました。また，遺贈も同様に，特定遺贈，包括遺贈問わずに，権利を承継した相続人と他の相続人から権利を譲り受けた第三者とは対抗関係に立つとされていました。

　したがって，たとえば，遺産分割協議または遺贈により法定相続分を超える不動産の権利を承継した場合であっても，他の相続人が法定相続分による共有登記をした上でその法定相続分を第三者に売却し，当該第三者が登記を先に具備してしまえば，その権利を取得できません。

⑵ 「相続させる」旨の遺言

これに対し，最高裁平成14年6月10日判決・集民206号445頁は，相続人に対し「相続させる」旨の遺言により特定の不動産を承継させた事案において，「特定の遺産を特定の相続人に『相続させる』趣旨の遺言は，特段の事情のない限り，何らの行為を要せずに，被相続人の死亡の時に直ちに当該遺産が当該相続人に相続により承継される。このように，『相続させる』趣旨の遺言による権利の移転は，法定相続分又は指定相続分の相続の場合と本質において異なるところはない。そして，法定相続分又は指定相続分の相続による不動産の権利の取得については，登記なくしてその権利を第三者に対抗することができる」と判示し，これにより相続人が相続分の指定または「相続させる」旨の遺言により法定相続分を超える遺産を特定の相続人に承継させた場合については，対抗要件を具備せずともその権利を第三者に対抗することができるとされました。

したがって，たとえば，ある不動産のすべてを特定の相続人に対し「相続させる」旨の遺言があった場合，当該相続人は，他の相続人が自己の法定相続分の共有登記をして第三者に売却した場合であっても，登記なくして第三者に権利を主張することができました。

⑶ 問題点

このように，相続を原因とする承継であっても，取得する方法により扱いが異なっていました。これについては，第三者にとっては遺言の内容を把握することが困難であり，法定相続分による権利の承継があったと信頼した第三者が不測の損害を被る，相続人にとっても，相続分の指定又は遺産分割方法の指定に該当すれば登記なくして権利を第三者に対抗できるので，登記名義を変更する動機付けがなく，不動産登記制度上も問題がある等の指摘がなされていました。

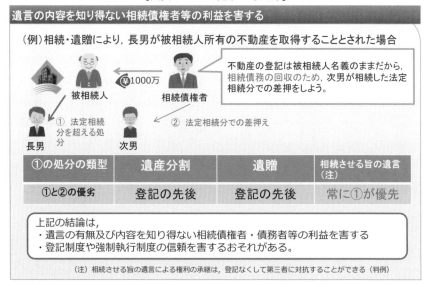

(出典：法務省資料)

2 新法による規律

(1) 新民法899条の2第1項は、「相続による権利の承継は、遺産の分割によるものかどうかにかかわらず、次条及び第901条の規定により算定した相続分を超える部分については、登記、登録その他対抗要件を備えなければ、第三者に対抗することができない。」としました。

これにより、相続による権利の承継は、遺産分割、遺贈、相続分の指定または「相続させる」旨の遺言であっても、法定相続分を超える部分については、権利を承継した相続人と他の相続人から権利を譲り受けた第三者とは対抗関係に立つことで統一されました。

具体的には、被相続人が、相続人の一人に「全財産を相続させる」旨の遺言を残していた場合であっても、他の共同相続人の一人が自己の法定相続分に属する部分を第三者に売却し、先に第三者に対抗要件を具備された場合、相続人は自己の権利を当該第三者に主張することができなくなりました。

なお、法定相続分による持分の取得については、対抗要件の具備なくし

第6章　相続の効力等　145

て第三者に対抗できることに変わりありません。

(2)　したがって，改正後は，相続させる旨の遺言によって特定の財産を承継した相続人は，早期に登記をすることを検討すべきでしょう。

　　ただし，相続させる旨の遺言があっても，別途，相続人間で遺産分割を行って遺言と異なる権利関係を形成する場合もあるでしょう。この場合に，遺言に基づく登記が先行していた場合には，その後の遺産分割は，再度の遺産分割と同じように，相続人間での贈与であるとして贈与税課税の対象となるのではないかという問題が生じるようにも思われますので，留意が必要です。

3 ┃ 債権の承継

(1)　債権の対抗要件

　上記したとおり，法定相続分を超える権利を承継した者は，第三者との関係でその権利を主張するためには，対抗要件を具備することが必要となります。

　そして，債権の承継を第三者に対抗するためには，確定日付のある証書で「譲渡人」から債務者へ通知することまたは債務者が承諾することが必要となるところ（民467条），相続により法定相続分を超える債権を承継した場合，「譲渡人」に相当する者は被相続人の地位を承継した相続人全員となります。

　したがって，法定相続分を超える債権を承継した場合，当該権利の承継を第三者に対抗するには，確定日付のある証書により，相続人全員から債務者へ通知するか，債務者が承諾することが必要でした。

(2)　問題点および新法における対応

　しかし，法定相続分を超える権利を取得した場合であっても，共同相続人の一人でも協力を拒んだ場合，対抗要件を具備することができず，いつまでも権利を確定的に確保できないおそれが生じます。

　そこで，新民法899条の2第2項は，「前項の権利が債権である場合において，次条及び第901条の規定により算定した相続分を超えて当該債権を承継した共同相続人が当該債権に係る遺言の内容（遺産の分割により当該債権を承継した場合にあっては，当該債権に係る遺産の分割の内容）を明らかにして債務者にその承継の通知をしたときは，共同相続人の全員が債務者に通知したものとみなして，同項の規定を適用する。」としました。

　これにより，法定相続分を超える債権を承継した相続人は，①遺言または遺

産分割の内容を明らかにして，②債務者に通知することにより，単独で対抗要件を具備できることとなりました。

　なお，遺言書等には債権の承継以外の内容も記載されているのが通常で，その開示を望まない相続人も多数います。そのため，遺言の内容を明らかにするためには，遺言書等の交付は必ずしも必要とはされておらず，遺言の原本を提示し，債務者の求めに応じて，債権の承継の記載部分について写しを交付する方法で足りると考えられます。

4 ┃ 相続放棄と対抗力

　これに対し，特定の相続人が相続放棄した場合は，相続の放棄をした者は，初めから相続人ではなかったものとみなされ，放棄者は，相続開始の当初から相続財産をすべて承継しなかったことになります（民939条）。この相続の放棄は，相続による権利の承継ではないため，登記の有無とは関係なく，本条の適用外と解されています。

　したがって，共同相続人の一人が相続放棄をしたことによって死亡時の法定相続分を超えて取得することになった場合でも，当該部分については，対抗要件の具備なくして権利の承継を対抗できます。相続放棄によって，法定相続分自体が変わるので，あくまでも法定相続分の範囲内の相続であり，対抗要件の具備は不要である，ということです。

5 ┃ 施行日

　本改正は，施行日（平成31年（2019年）7月1日）以降に開始した相続について適用されます（改正法附則2条）。

　なお，上記**2**の民法899条の2の規定は，施行日前に開始した相続に関し遺産の分割による債権の承継がされた場合において，施行日以後にその承継の通知がされるときにも適用されます（改正法附則3条）。

　ポイント
- 旧法下での最高裁判例の解釈では取引の安全を害するという問題があったので，相続させる旨の遺言で法定相続分を超える権利を取得した場合でも対抗要件の具備が必要となった。
- したがって，専門家としては早期の登記を勧めるべき場合がある。

第6章 相続の効力等 147

Q6-2 相続債務の承継

相続債務の承継について，判例の考え方が明文化されたそうですが，どのような内容ですか。

A

相続債務について，遺言等により相続分の指定がされた場合であっても，債権者が指定された相続分の割合による債務の承継を承認していない限り，債権者は，各共同相続人に対し，その法定相続分の割合で権利を行使することができることが明文化されました。

解 説

1 従来の判例の考え方

最高裁平成21年3月24日判決・民集63巻3号247頁は，まず，「相続人のうちの1人に対して財産全部を相続させる旨の遺言により相続分の全部が当該相続人に指定された場合，遺言の趣旨等から相続債務については当該相続人にすべてを相続させる意思のないことが明らかであるなどの特段の事情のない限り，当該相続人に相続債務もすべて相続させる旨の意思が表示されたものと解すべきであり，これにより，相続人間においては，当該相続人が指定相続分の割合に応じて相続債務をすべて承継することになると解するのが相当である。」とし，積極財産のみならず，消極財産（債務）についても，指定相続分に応じて承継するとしました。

次に，同判決は，債権者との関係について，「もっとも，上記遺言による相続債務についての相続分の指定は，相続債務の債権者（以下「相続債権者」という）の関与なくされたものであるから，相続債権者に対してはその効力が及ばないものと解するのが相当であり，各相続人は，相続債権者から法定相続分に従った相続債務の履行を求められたときには，これに応じなければならず，指定相続分に応じて相続債務を承継したことを主張することはできないが，相続債権者の方から相続債務についての相続分の指定の効力を承認し，各相続人に対し，指定相続分に応じた相続債務の履行を請求することは妨げられないというべきである。」として，当該相続分の指定は，相続債権者との間では，当

然にはその効力が及ばないものとしつつ，相続債権者は，法定相続分に応じて各相続人に履行の請求をすることも，相続分の指定を承認し，指定相続分に応じた履行の請求をすることもできるとしたのです。

2 新民法の規律

新民法902条の2は，「被相続人が相続開始の時に有した債務の債権者は，前条の規定による相続分の指定がされた場合であっても，各共同相続人に対し，第900条及び第901条の規定により算定した相続分に応じてその権利を行使することができる。ただし，その債権者が共同相続人の一人に対してその指定された相続分に応じた債務の承継を承認したときは，この限りでない。」と規定し，上記平成21年判決の考え方を明文化したものになります。

3 考え方

相続債務について，相続分の指定がなされた場合，相続債権者がこれに従わないといけないとすると，指定割合によっては，相続債権者が権利を実現できない等，不測の損害を被るおそれがあります。たとえば，資産を特定の相続人に承継させる一方，支払能力のない相続人に対して債務を承継させるなどした場合，遺産としては権利を実現可能な資産があるのに，相続分の指定により，実現することが不可能となってしまいます。

また，相続債権者としては，権利を実現するために，指定相続分に応じた債務の承継を承認した方が望ましい場合もあります。たとえば，特定の相続人が相続分の指定により，債務とともに資産の承継も受けた場合が考えられます。このような場合，債権者としては，相続分の指定に従い権利を行使した方が，権利を実現できることになります。

そこで，新民法は，相続分の指定にかかわらず法定相続分に従い各共同相続人に対し，その権利を行使することができるとしつつ，相続債権者が相続分に応じた債務の承継を承認した場合には，相続分の指定に従った権利行使しかできないと定めたのです。

4 施行日

本改正は，施行日（平成31年（2019年）7月1日）以降に開始した相続について適用されます（改正法附則2条）。

第6章　相続の効力等　149

> **ポイント**
>
> • 遺言で債務を特定の相続人に承継させることとしても，相続債権者には関係がない。債権者は法定相続分の割合ですべての相続人に対して請求できるし，遺言による相続分の指定どおりに請求することもできる。

| Q6-3 | 遺言執行者がいる場合の相続財産の処分 |

遺言執行者がいる場合における，相続財産の処分などの効力
について，新しい規定が設けられたそうですが，どのような
内容ですか。

A

　　旧民法1013条では，遺言の執行に対する妨害行為を禁止することのみが
規定されていましたが，今回の改正で，①妨害行為の効果とそれに対する
善意の第三者の保護に関する規定（2項），②相続債権者および相続人の
債権者の保護に関する規定（3項）が加えられました。

解 説

1 従来の問題点

　最高裁昭和62年4月23日判決・民集41巻3号474頁は，「相続人が，同法1013
条（注：改正前のもの）の規定に違反して，遺贈の目的不動産を第三者に譲渡
し又はこれに第三者のため抵当権を設定してその登記をしたとしても，相続人
の右処分行為は無効であり，受遺者は，遺贈による目的不動産の所有権取得を
登記なくして右処分行為の相手方たる第三者に対抗することができるものと解
するのが相当である。」として，遺言執行者がいるにもかかわらず，遺産を相
続しなかった相続人が当該遺産を利用・処分する行為を無効とし，当該不動産
を承継した受遺者は，登記なくして，相続人が処分をした相手方たる第三者に
対抗することができるとしました。

　他方，最高裁昭和39年3月6日判決・民集18巻3号437頁は，遺言執行者が
いない事案において，「遺贈の場合においても不動産の二重譲渡等における場
合と同様，登記をもつて物権変動の対抗要件とするものと解すべきである。」
として，被相続人から遺贈を受けて承継した者と当該財産を相続人から取得し
た第三者については，対抗関係に立つものとしました。

　そのため，遺贈により遺産を承継した場合，遺言執行者がいれば遺贈が絶対
的に優先し，受遺者は対抗要件の具備に関係なく権利を取得できるのに対し，
遺言執行者がいなければ，受遺者と第三者は対抗関係に立ち，対抗要件の具備

第6章　相続の効力等　151

をしなければ権利を取得できなくなるという結果になり，遺言執行者の有無により判断が分かれることになっていました。

これについては，第三者としては，遺言執行者の有無という第三者が容易に知り得ない事情により，権利の取得が左右されることとなり，取引の安全を害する等の問題点が指摘されていました。

2 ▌新法の概要

そこで，本改正により，以下の条項が新設されました。

---

① 1013条2項
　「前項の規定に違反した行為は，無効とする。ただし，これをもって善意の第三者に対抗することはできない。」
② 1013条3項
　「前二項の規定は，相続人の債権者（相続債権者を含む。）が相続財産についてその権利を行使することを妨げない。」

⑴　新民法1013条2項について

新民法1013条2項では，遺言執行者がいる場合には，相続人の相続財産の処分行為を無効とし，その効果を明文化しました。その上で，「善意の第三者に対抗することはできない。」とし，これまでの判例の解釈とは異なり，善意の第三者と受遺者とは対抗関係に立つこととしました。この善意の対象は，遺言執行者が存在することであると解されます。

これにより，遺言の内容を知らない第三者としては，対抗要件を具備することによってその権利を取得することができ，取引の安全が図られることになりました。

なお，第三者に遺言の内容に関する調査義務まで負わせることは相当でないとの考えのもと，無過失は要求されていません。

⑵　新民法1013条3項について

新民法1013条3項では，相続債権者または相続人の債権者は，遺言執行者の有無についての認識にかかわらず，相続財産に対する権利行使を認める旨規定しています。

これは，遺言執行者がいる場合に相続財産の処分権限が制限されるのは，あくまで遺言の円滑な執行を目的とするものであり，これにより債権者の権利行

152

使が制限されるべきではないからです。

したがって，相続債権者または相続人の債権者は，遺言執行者の有無にかかわらず，相続財産に対して，相殺，強制執行等の権利を行使することができます。

3 施行日

本改正は，施行日（平成31年（2019年）7月1日）以降に開始した相続について適用されます（改正法附則2条）。

ポイント

・遺言執行者がいることを知らずに，相続人から財産を譲り受けた場合には，対抗要件を具備すれば，受遺者に対抗することができるようになった。

第 **7** 章

相続人以外の者の貢献を考慮する制度

Q7-1 従来の制度

Q7-2 特別寄与料

Q7-3 特別寄与料と税務申告

Q7-1　従来の制度

従来，被相続人の事業に従事する，被相続人を療養監護する などした者の貢献を考慮する制度はありましたか。

A

寄与分制度はありましたが，相続人にしか認められませんでした。相続 人以外の者が療養監護などをした場合に貢献を考慮する制度はありません でした。

解 説

1　寄与分制度の概要と趣旨

民法904条の2は，共同相続人の中に，被相続人の財産の維持または増加に ついて特別の寄与をした者がいる場合に，相続財産からその者の寄与分を控除 したものを相続財産とみなして相続分を算定し，その算定された相続分に寄与 分を加えた額をその者の相続分とすることによって，その者に，法定相続分に 寄与に相当する額を加えた財産の取得を認めています。

たとえば，被相続人と共同して農業や商店の経営に従事してきた共同相続人 のように，共同相続人の中に，被相続人の財産の維持または増加に特別の貢献 をした者がいる場合に，このような貢献のない他の共同相続人と同等に取り扱 い，法定相続分どおりに被相続財産を分配するのは，実質的に衡平を失するこ とになります。この寄与分制度は，そのような場合において共同相続人間の衡 平を図るために設けられた制度です。昭和40年代半ば頃から，寄与があったこ とを理由として，共同相続人間の実質的衡平の観点から法定相続分と異なる割 合で遺産分割をする家事審判例が増加し，昭和50年頃には寄与分を考慮するこ とが家庭裁判所の実務の大勢を占めることとなったことから，昭和55年に旧民 法904条の2が新設され，制度として明文化されました。

このように，寄与分が遺産分割における相続分の修正要素として位置づけら れていることから，本条では，寄与分を受けることができる者は相続人に限定 されています（民904条の2第1項）。すなわち，相続人ではない者（たとえば， 相続人の配偶者や子，事実上の養子，内縁の配偶者など）は，共同相続人にな

れず遺産分割にも参加できない以上，自らの寄与分を主張することはできません。

2 ┃ 相続人以外の者の貢献の考慮

⑴　相続人以外の者の寄与行為を相続人の寄与分として認める審判例等

　もっとも，相続人ではない者の寄与についても，その行為が相続人の行為と同視できるというような場合には，当該相続人はその結果生じた財産の維持・増加に対する寄与をも含めて自己の寄与分として請求する余地があるとする見解が有力に主張されてきました。

　審判例にも，相続人の配偶者や子などによる介助，看護行為などについて，当該相続人の履行補助者または代行者による寄与行為であること，あるいは，当該相続人の寄与と同視できることを理由として，相続人の寄与分を認めたものがあります（東京高裁平成元年12月28日決定・家月42巻8号45頁，神戸家裁豊岡支部平成4年12月28日審判・家月46巻7号57頁，広島高裁平成6年3月8日決定・家月47巻2号151頁，横浜家裁平成6年7月27日審判・家月47巻8号72頁，東京家裁平成12年3月8日審判・家月52巻8号35頁，東京高裁平成22年9月13日決定・家月63巻6号82頁等）。

　ただし，これらの学説や審判例に対しては，寄与行為を行った者以外に寄与分を認める法的根拠が明らかでない，とりわけ配偶者の寄与を相続人の寄与分に含めることについては，夫婦の財産関係は別個独立としているにもかかわらず寄与分について夫婦を一体と扱うことに一貫性がないなどの指摘もありました。また，推定相続人が先に死亡した場合は，その配偶者の寄与分を考慮することができなくなるため，不公平を解消することができないという問題もありました。

⑵　その他相続人以外の者が利用し得る制度など

　その他，寄与行為を行った相続人以外の者が利用し得る制度・主張し得る請求としては，①特別縁故者制度（民958条の3），②準委任契約（民656条，643条）等の合意に基づく費用償還の請求，③事務管理に基づく有益費の償還請求（民702条），④不当利得の返還請求（民703条）も考えられますが，実務的には，これらを主張する例は少なく，上記⑴のように相続人の寄与分として考慮するという扱いが一般的でした。

　そこで，改正によってこのような不公平を一定程度解消しました（Q7-2参

【図表7－1　相続人以外の者が寄与をした場合（旧法下の問題）】

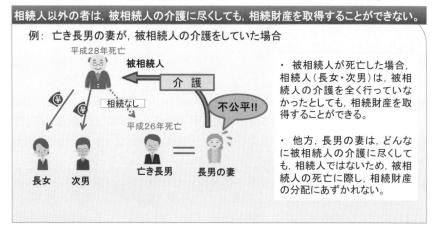

(出典：法務省資料)

照)。

3 寄与分制度に関する主な論点

(1) 「特別の寄与」の意味

寄与分が認められるためには「特別の寄与」を行ったことが必要とされます。

「特別の寄与」とは，被相続人と相続人の身分関係に基づいて通常期待されるような程度を超える貢献をいいます。したがって，夫婦間の協力扶助義務（民752条），親族間の扶助義務・互助義務（民877条1項）の範囲内の行為は，「特別の寄与」に含まれません。特別の寄与として認められるためには，法定の相続分を変えるほどのものであると認められる必要があります。

寄与行為の態様の類型は，【図表7－2】のとおりです。

第7章　相続人以外の者の貢献を考慮する制度　157

【図表7－2　寄与行為の態様の類型】

		概　　要	特別の寄与となる具体的な要件
1	家事従事型	家業である農業，商工業等に従事する。	特別の貢献 無償性（世間一般並の労務報酬に比べて著しく少額である等。以下同様） 継続性 専従性（片手間ではなくかなりの負担を要すること。以下同様）
2	金銭等出資型	被相続人の事業に関してまたは被相続人に対して財産上の給付をする。不動産の購入資金援助，医療費等の負担等。	特別の貢献 無償性
3	療養看護型	病気療養中の被相続人の療養介護に従事する。（健常なる被相続人に対する家事援助は基本的にこれに含まれない。）	療養看護の必要性（療養看護を要する病状であったこと，および，近親者による療養看護を必要としていたこと。完全看護の病院に入院している場合は基本的に認められない。） 特別の貢献 無償性 継続性 専従性
4	扶養型	被相続人を扶養し，被相続人が生活費等の支出を免れた。（療養看護型と異なり疾病の存在を前提としない。）	扶養の必要性 特別の貢献 無償性 継続性
5	財産管理型	被相続人の財産管理をする。不動産の賃貸管理，土地売却時の立ち退き交渉等による占有者の排除，売買契約締結交渉の努力による売却価格の増額等。	財産管理の必要性 特別の貢献 無償性 継続性

　なお，先行相続において相続放棄したことにより，被相続人の相続財産が増加した場合，当該先行相続における相続放棄が寄与行為に当たるか否かが問題となりますが，原則として寄与分は否定されます（ただし，①先行相続における共同相続の類型，②相続放棄の理由・動機，③先行相続から後行相続までに経過した期間等を考慮して寄与分を認められる場合もあり得ます）。

(2)　**寄与行為の時期**

　寄与の時期は，相続開始までです。相続開始後に，相続財産の維持・増加に

寄与したとしても，寄与分として評価することはできず，遺産分割の際の一切の事情（民906条）として斟酌されるにすぎません（東京高裁昭和57年3月16日決定・家月35巻7号55頁）。

(3) 寄与相続人がいる場合の相続分の算定例

（具体例）

　被相続人Aの相続開始時の遺産評価額が4,500万円で，相続人は妻W，子B，Cの合計3人である。子Bに500万円の寄与分が認められる場合の，各相続人の具体的相続分はいくらか。

	みなし相続財産		法定相続分		寄与分		具体的相続分
W：	(4,500万－500万)	×	1／2			＝	2,000万
B：	(4,500万－500万)	×	1／4	＋	500万	＝	1,500万
C：	(4,500万－500万)	×	1／4			＝	1,000万

ポイント

- 旧法の寄与分は，相続人にのみ認められているので，たとえば亡くなった長男の妻が，被相続人を介護しても寄与分を主張できない。
- 寄与分は，「特別の寄与」といえるほどのものでなければ認められない。

実務プラス

寄与分の認められにくさ

　相続の事案では，相続人が，長年にわたる被相続人や他の相続人との関係において，何らかの不公平感を抱いているということが少なくありません。たとえば，特定の相続人だけが被相続人と同居し，その老後の面倒を見ていた場合等には，他の相続人よりも重い負担を負ってきたという感情を抱いており，被相続人の死亡後に，このような不公平感を経済的な形で清算したいと考えるに至ることがあります。こうした不公平感が当事者間の協議で解消されないとき，遺産分割の調停や審判において，相続人の感情を表現する形で，寄与分が主張されることが少なくありません。

　もっとも，寄与分が認められるためには，身分関係に基づいて通常期待される程度を越える貢献（「特別の寄与」）である必要があり，実務上，寄与分を認定してもらえる場面は非常に限定されているといえます【Q7-1】。

裁判例をみると，たとえば，①昼食と夕食を作って被相続人方に届けるほか，被相続人の日常的な世話を行っていただけの期間については寄与分を認めず，認知症の症状が顕著に出るようになった（被相続人の3度の食事をいずれも相続人方でとらせるようになり，常時見守りが必要な状態となり，排便への対応にも相続人が心を砕いていた）時期から寄与分を認めた事例（大阪家裁平成19年2月8日審判）や，②病弱で老齢の被相続人と同居して扶養しただけの期間については寄与分を認めず，痴呆が目立つようになり，目を離すと外出してバイパスに飛び出したり，物が盗まれるなど被害的言動が多くなった時期以降（なお，次第に痴呆が高度となり，ついには四六時中被相続人から目を離せず，夜間に徘徊するようになってからは不寝番をしなければならない状態となった）についてのみ寄与分を認めた事例（盛岡家裁昭和61年4月11日審判）等があります。こうした裁判例を踏まえると，高齢の被相続人と同居して生活の面倒を見ていただけでは足りず，被相続人が，認知障害の発現等により，通常家政婦を付けたり入院が必要となるような要看護状態であったことが求められる傾向にあるといえるでしょう。大阪高裁平成19年12月6日決定では，相応の貢献であったと評価する理由の一つとして被相続人が要介護2の認定を受けたことについて言及されており，実務としても，被相続人が要介護2以上であることが一つの目安となると考えられています。

　さらに，継続性の要件についても，実務上は概ね3年から4年程度という期間が一応の目安になるといわれています。

　遺産分割について相談を受ける際には，このように寄与分が認定される場面は限られていることに留意して，当事者の言い分が本当に寄与分の主張として法的に構成できるものなのかどうか慎重に検討する必要がある（安請け合いすべきではない）ことを念頭に置いて対応すると良いでしょう。

160

Q7-2 特別寄与料

今回の改正で新設された，相続人以外の者が行った被相続人の財産の維持・増加への貢献を考慮するための制度とは，どのようなものですか。

A

相続人以外の被相続人の親族が療養看護等により「特別の寄与」をした場合，相続開始後，相続人に対して，その寄与に応じた額の金銭の支払を請求できるという制度（特別寄与者制度）が新設されました。

解説

1 特別寄与者制度の概要

今回の改正で新設された特別寄与者制度では，被相続人に対して無償で療養看護その他の労務提供をしたことにより被相続人の財産の維持または増加について特別の寄与をした相続人以外の被相続人の親族（特別寄与者）は，相続開始後，相続人に対して，その寄与に応じた額の金銭（特別寄与料）の支払を請求することができることになりました（新民1050条）。

Q7-1のとおり，これまでの制度では，被相続人の配偶者などの相続人以外の者は，被相続人の介護に尽くしても相続財産の分配を得ることができず実質的な不公平が生じているとの指摘がなされていました。今回の改正は，相続人以外の親族の貢献を直接認める制度を設けることにより，実質的な公平を図るものです【図表7-3】。

なお，特別寄与者制度は，単に一定の要件を満たす場合に金銭的な請求を許すものにすぎず，対象となる親族に新たな療養看護などについての義務を課すものではありません。

【図表7－3　特別寄与者制度】

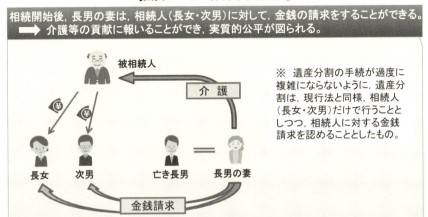

(出典：法務省資料)

2 対象者

(1) 被相続人の親族であること

特別寄与者の要件として，被相続人の「親族」であることが定められています。なお，相続人や相続放棄をした者，相続人の欠格事由に該当する者および排除された者は除外されます。

民法上，「親族」とは，6親等内の血族，配偶者，3親等内の姻族をいいます（民725条）。内縁の配偶者や事実上の養子などは，「親族」には該当しませんので，この制度の対象となりません。

立案の過程では，請求権者の身分は要件としないことなども検討されましたが，最終的に，被相続人と何ら身分関係がない者を含めると紛争が複雑化・困難化等すること，他方で，何らかの基準をもって請求権者の範囲を親族である者からさらに限定することは困難であることなどから，この要件が定められることとなりました。

(2) 特別の寄与をしたこと

特別寄与者となるには，特別の寄与をしたことが必要となります。従来の寄与分制度（民904条の2）における寄与の要件と類似するため，本条の解釈においても，寄与分に関する従前の議論，裁判例等が参考となると考えられます。

【図表7－4　特別寄与者制度と寄与分制度の比較】

		特別寄与者制度	寄与分制度
要　件			
	①	親族	相続人
	②	無償で	無償性
	③	療養看護その他の労務の提供をし	被相続人の事業に関する労務の提供または財産上の給付，被相続人の療養看護その他の方法により
	④	これによって，被相続人の財産の維持または増加について特別の寄与をしたこと	被相続人の財産の維持または増加について特別の寄与をした者があるとき
効　果			
	①	相続人に対する債権が発生（被相続人は債務者ではない）	法定相続分を修正する
	②	協議，家庭裁判所への処分の請求（後記**3**参照）	家事審判手続で請求（寄与に係る報酬請求権が発生する場合には訴訟手続でも可）

　まず，これまで見たように，①寄与分制度は相続人にのみ認められていましたが，特別寄与者制度は親族について認められています。

　②無償性については，寄与分制度でも当然の要件と解されていましたが，特別寄与者制度では明文の要件となっています（新民1050条）。立案時の議論を踏まえると，この要件は，基本的に，被相続人から労務の提供の対価が支払われていないことを意味しているものと考えられ，第三者から得た対価については，後述の特別寄与料の額の算定において「一切の事情」として考慮されることになるものと考えられます。

　この要件については，対価を得ていれば，それが僅少であったとしても一律に「無償」の要件を欠くことになるのかという論点があり得ると考えられます。療養看護などを行った親族と相続人の間の実質的な公平を図るというこの制度の趣旨からすれば，実質的に対価とはいえないような場合にまで，この制度の利用を一律に封じることは望ましくないとも考え方もあり得るところであり，今後の議論や実務の集積が待たれます。

　さらに，③「労務の提供」が要件とされています。寄与分制度では「財産上の給付」「その他の方法」も含む規定となっていることに比べると，限定的な文言となっています。療養看護は例示ですので，たとえば事業に関する労務の

提供は「労務の提供」に含まれます。他方で，介護費の支給のように金銭上の給付は含まれないと考えられる可能性もありますので，留意が必要です。

④「特別の寄与」という要件は，寄与分制度と共通の文言です。もっとも，寄与分制度においては，相続関係を前提として，法定相続分を修正するだけの力を有する寄与をいい，家族の共同生活，共同関係の中で，相互の協力扶助の中に吸収される程度の寄与（通常の寄与）は含まれないと解されています。これに対して，特別寄与者制度は，このような通常の寄与との対比ではなく，親族間の実質的な衡平の確保，被相続人の推定的意思という観点から，一定程度の水準以上の寄与，その者の貢献に報いるのが相当と認められる程度の顕著な貢献があったことを要するという解釈が行われることになると考えられます。

3 特別寄与料の請求手続

特別寄与者による特別寄与料の請求手続は，相続開始後，以下の手順で行われます（新民1050条1項，2項）。

(1) 当事者間での協議

まず当事者間の協議を行うこととなります。もっとも，後記(2)のとおり家庭裁判所への請求には期間の制限がありますので，特別寄与者であると考える者は，期間内に協議を行う必要があります。

なお，協議による場合は，一部の相続人が，複数の相続人がいる場合に各人に割り付けられる負担額（後記**4**参照）を超えて特別寄与料を負担することも可能です。

(2) 家庭裁判所への処分の請求

特別寄与者は，(1)の協議が整わないときまたは協議をすることができないときに，相続が開始した地を管轄する家庭裁判所に対して，協議に代わる処分を請求することができます（新家事事件手続法216条の2）。ただし，除斥期間が定められており，特別寄与者が相続の開始および相続人を知ったときから6か月を経過したとき，または，相続開始の時から1年を経過したときは，請求できなくなります（新民1050条2項ただし書）。

なお，相続人が複数人いる場合，各相続人に対して，個別に当該相続人が負担する額の給付請求を行うことになります。特別寄与の評価について判断が分かれる可能性がありますので，統一的な判断を得るためには手続を併合（家事事件手続法35条1項）してもらう必要があります。また，複数人の特別寄与者

が請求した場合も，基本的には，手続を併合した上で判断されることになるものと考えられます。

これらの手続は，相続人以外の者が遺産分割手続に参加すると遺産分割の遅滞を招くという懸念から，遺産分割手続とは別の手続として新たに設けられました。特別寄与料の債務者が相続人となっているのもそのためです（法制審議会第7回会議資料16頁参照）。

もっとも，特別寄与料の有無や金額が確定するまでは遺産分割について検討・判断することが困難であり，事実上遺産分割手続が停滞するという懸念も示されています。

なお，協議または審判によって具体的な権利が形成されることになるため，特別寄与者の請求権に関して，通常の民事事件として，特別の寄与の有無の確認請求や，相続人の特別寄与者に対する債務不存在確認を行うことはできないものと考えられています。

4 家庭裁判所による特別寄与料の金額の算定

上記3(2)の請求がなされると，家庭裁判所は，寄与の時期，方法および程度，相続財産の額その他一切の事情を考慮して，特別寄与料の額を定めます（新民1050条3項）。

ここで考慮される一切の事情には，相続債務の額，被相続人による遺言の内容，各相続人の遺留分，特別寄与者が生前に受けた利益（対価性を有するものを除く）等が含まれるものと考えられます。

なお，複数の相続人がいる場合には，特別寄与料の負担については，法定相続分，代襲相続分および指定相続分に基づく相続分（民900条ないし902条）に応じた額が割り付けられます。特別受益や寄与分，遺産分割の内容は考慮されません。したがって，理論上は，特別受益や寄与分，遺産分割の内容によっては，当該相続人に割り付けられた特別寄与料が，実際に相続した財産の額を超える可能性も否定はできません。たとえば，法定相続人Ａ，Ｂがそれぞれ法定相続分2分の1であり，Ａ，Ｂの遺産分割協議でＡのみが相続財産を取得するとした場合に，Ｂは財産を取得しませんが，法定相続分に従った特別寄与料を負担しなければならないことがある，ということです。

第7章　相続人以外の者の貢献を考慮する制度　165

5 施行日

　特別寄与者制度は，施行日（平成31年（2019年）7月1日）以降に開始した相続について適用されます（改正法附則2条）。

ポイント

- 特別寄与者制度は，親族（6親等内の血族，配偶者，3親等内の姻族をいいます（民725条））についてのみ適用される。内縁の妻等には適用がない。
- 特別寄与料を請求するには協議，家庭裁判所への処分の請求という手続が必要となる。
- 除斥期間が定められており，特別寄与者が相続の開始および相続人を知ったときから6か月を経過したとき，または，相続開始の時から1年を経過したときは，請求できなくなる。

Q7-3 特別寄与料と税務申告

特別寄与料の支払がされた場合，相続人，特別寄与者において，それぞれ税務上どのように処理すべきなのでしょうか。

A
特別寄与料は，課税関係では，遺贈とみなされます。

解 説

1 特別寄与料の法律関係と課税

特別寄与料の債務者は，被相続人ではなく相続人なので，特別寄与料は相続税申告において債務控除（相続税法13条）の対象とならず，また，特別寄与者は被相続人から「相続又は遺贈」により財産を取得したものではないので，特別寄与料は相続税課税の対象ではなく一時所得（所得税法34条）の課税対象となるのではないか，という疑問が生じます。

2 税制改正

平成31年度税制改正では，特別寄与料を遺贈とみなしています。
(1) 特別寄与者が支払を受けるべき特別寄与料の額が確定した場合には，当該特別寄与者が，当該特別寄与料の額に相当する金額を被相続人から遺贈により取得したものとみなして，相続税を課税する（相続税法4条2項）。
(2) 上記(1)の事由が生じたため新たに相続税の申告義務が生じた者は，当該事由が生じたことを知った日から10月以内に相続税の申告書を提出しなければならない（相続税法31条2項）。
(3) 相続人が支払うべき特別寄与料の額は，当該相続人に係る相続税の課税価格から控除する（相続税法13条4項）。
(4) 上記(1)の事由が生じたことは，相続税における更正の請求の特則等の対象となる（相続税法32条1項7号）。

第7章　相続人以外の者の貢献を考慮する制度　167

> **ポイント**
>
> • 特別寄与料は遺贈とみなして課税される。

【著者略歴】

本間合同法律事務所

昭和55年設立。弁護士16名，外国法事務弁護士1名在籍（平成31年現在）。

蓑毛誠子　弁護士

（プロフィール）

　　平成7年　東京大学卒業

　　平成9年　弁護士登録

　　平成13年　米国ニューヨーク州弁護士登録

鈴木郁子　弁護士・公認不正検査士

（プロフィール）

　　平成7年　東京大学教養学科国際関係論分科卒業

　　平成12年　京都大学法学部卒業

　　平成14年　弁護士登録

（著書（相続関係））

　　『願いを想いをかたちにする　遺言の書き方・相続のしかた』（日本加除出版　平成21年）
　　　共著

　　『改訂　遺言条項例300＆ケース別文例集』（日本加除出版　平成29年）

　　『改訂　実務解説　遺言執行』（日本加除出版　平成24年）

坂田真吾　弁護士・税理士

（プロフィール）

　　平成12年　一橋大学法学部卒業

　　平成16年　弁護士登録

　　平成21年から25年　国税庁・国税不服審判所　国税審判官

　　平成26年　税理士登録

（著書（相続・税務関係））

　　『実務に対応する　税務弁護の手引き』（清文社　平成30年）

　　『納税者の権利を守るための税理士が使いこなす改正国税通則法』（清文社　平成28年）共
　　　著，東京税理士会調査研究部監修

　　『弁護士と考える快適なシニアライフと財産活用』（関東弁護士会連合会編著／日本加除出
　　　版，平成27年）共著

　　『願いを想いをかたちにする　遺言の書き方・相続のしかた』（日本加除出版　平成21年）
　　　共著

志賀厚介　弁護士

（プロフィール）

　平成14年　武蔵工業大学（現東京都市大学）卒業

　平成19年　北海道大学法科大学院卒業

　平成20年　弁護士登録

黒田はるひ　弁護士

（プロフィール）

　平成22年　慶應義塾大学卒業

　平成23年　弁護士登録

毛受達哉　弁護士

（プロフィール）

　平成17年　立教大学卒業

　平成24年　中央大学法科大学院卒業

　平成25年　弁護士登録

顧問税理士ならこれだけは知っておきたい

相続法改正Q&A

2019年7月10日　第1版第1刷発行

編著者	蓑 毛 誠 子
	坂 田 真 吾
発行者	山 本 継
発行所	㈱中央経済社
発売元	㈱中央経済グループ パブリッシング

〒101-0051　東京都千代田区神田神保町1-31-2
電話　03 (3293) 3371 (編集代表)
　　　03 (3293) 3381 (営業代表)
http://www.chuokeizai.co.jp/
印刷／三英印刷㈱
製本／(有)井上製本所

© 2019
Printed in Japan

＊頁の「欠落」や「順序違い」などがありましたらお取り替えいた
しますので発売元までご送付ください。(送料小社負担)
ISBN978-4-502-30831-4　C3032

JCOPY〈出版者著作権管理機構委託出版物〉本書を無断で複写複製(コピー)することは,
著作権法上の例外を除き,禁じられています。本書をコピーされる場合は事前に出版者著
作権管理機構(JCOPY)の許諾を受けてください。
　JCOPY〈http://www.jcopy.or.jp　eメール：info@jcopy.or.jp〉

●実務・受験に愛用されている読みやすく正確な内容のロングセラー！

定評ある税の法規・通達集 シリーズ

所 得 税 法 規 集
日本税理士会連合会 編
中央経済社

❶所得税法　❷同施行令・同施行規則・同関係告示 ❸租税特別措置法（抄）　❹同施行令・同施行規則・同関係告示（抄）　❺震災特例法・同施行令・同施行規則（抄）　❻復興財源確保法（抄）　❼復興特別所得税に関する政令・同省令　❽災害減免法・同施行令（抄）　❾国外送金等調書提出法・同施行令・同施行規則・同関係告示

所 得 税 取 扱 通 達 集
日本税理士会連合会 編
中央経済社

❶所得税取扱通達（基本通達／個別通達）　❷租税特別措置法関係通達　❸国外送金等調書提出法関係通達　❹災害減免法関係通達　❺震災特例法関係通達　❻索引

法 人 税 法 規 集
日本税理士会連合会 編
中央経済社

❶法人税法　❷同施行令・同施行規則・法人税申告書一覧表　❸減価償却耐用年数省令　❹法人税法関係告示　❺地方法人税法・同施行令・同施行規則　❻租税特別措置法（抄）　❼同施行令・同施行規則・同関係告示　❽震災特例法・同施行令・同施行規則（抄）　❾復興財源確保法（抄）　❿復興特別法人税に関する政令・同省令　⓫特別透明化法・同施行令・同施行規則

法 人 税 取 扱 通 達 集
日本税理士会連合会 編
中央経済社

❶法人税取扱通達（基本通達／個別通達）　❷租税特別措置法関係通達（法人税編）　❸連結納税基本通達　❹租税特別措置法関係通達（連結納税編）　❺減価償却耐用年数省令　❻機械装置の細目と個別年数　❼耐用年数の適用等に関する取扱通達　❽震災特例法関係通達　❾復興特別法人税関係通達　❿索引

相 続 税 法 規 通 達 集
日本税理士会連合会 編
中央経済社

❶相続税法　❷同施行令・同施行規則・同関係告示　❸土地評価審議会令・同省令　❹相続税法基本通達　❺財産評価基本通達　❻相続税法関係個別通達（抄）　❼租税特別措置法（抄）　❽同施行令・同施行規則（抄）・同関係告示　❾租税特別措置法（相続税法の特例）関係通達　❿震災特例法・同施行令・同施行規則（抄）・同関係告示　⓫震災特例法関係通達　⓬災害減免法・同施行令（抄）　⓭国外送金等調書提出法・同施行令・同施行規則・同関係通達　⓮民法（抄）

国税通則・徴収法規集
日本税理士会連合会 編
中央経済社

❶国税通則法　❷同施行令・同施行規則・同関係告示　❸同関係通達　❹租税特別措置法（抄）・同施行令・同施行規則（抄）　❺国税徴収法　❻同施行令・同施行規則　❼滞調法・同施行令・同施行規則　❽税理士法・同施行令・同施行規則・同関係告示　❾電子帳簿保存法・同施行令・同施行規則・同関係告示・同関係通達　❿行政手続オンライン化法・同関係政令及び同関係省令・同関係告示　⓫行政手続法　⓬行政不服審査法　⓭行政事件訴訟法（抄）　⓮組織的犯罪処罰法（抄）　⓯没収保全と滞納処分との調整令　⓰犯罪収益規則（抄）　⓱麻薬特例法（抄）

消 費 税 法 規 通 達 集
日本税理士会連合会 編
中央経済社

❶消費税法　❷同別表第三等に関する法令　❸同施行令・同施行規則・同関係告示　❹消費税法基本通達　❺消費税申告書様式等　❻消費税法等関係取扱通達等　❼租税特別措置法（抄）　❽同施行令・同施行規則（抄）・同関係通達　❾消費税転嫁対策法・同ガイドライン　❿震災特例法・同施行令（抄）・同関係告示　⓫震災特例法関係通達　⓬税制改革法等　⓭地方税法（抄）　⓮同施行令・同施行規則（抄）　⓯所得税・法人税政省令（抄）　⓰輸徴法令（抄）　⓱関税法（令）（抄）　⓲関税定率法令（抄）

登録免許税・印紙税法規集
日本税理士会連合会 編
中央経済社

❶登録免許税法　❷同施行令・同施行規則　❸租税特別措置法・同施行令・同施行規則（抄）　❹震災特例法・同施行令・同施行規則（抄）　❺印紙税法　❻同施行令・同施行規則　❼印紙税法基本通達　❽租税特別措置法・同施行令・同施行規則（抄）　❾印紙税額一覧表　❿震災特例法・同施行令・同施行規則（抄）　⓫震災特例法関係通達等

中央経済社